中華文明地圖

先秦、秦漢、魏晉南北朝

華林甫　主編

胡恆　副主編

1

商務印書館

本書由中國地圖出版社授予商務印書館(香港)有限公司出版繁體中文版(紙本書)

策　劃：卜慶華　王秀秀

中華文明地圖 第一卷

主　　編	華林甫
副主編	胡　恆
編　委	趙逸才(先秦、三國兩晉南北朝)　郭照啟(秦漢)　尹文瑜(隋唐五代)
	楊東峰(遼宋西夏金)　郭宇昕(元)　孫慧羽(明)　李　誠(清)
責任編輯	徐昕宇
裝幀設計	張　毅
排　　版	周　榮
出　　版	商務印書館(香港)有限公司
	香港筲箕灣耀興道 3 號東滙廣場 8 樓
	http://www.commercialpress.com.hk
發　　行	香港聯合書刊物流有限公司
	香港新界大埔汀麗路 36 號中華商務印刷大廈 3 字樓
印　　刷	美雅印刷製本有限公司
	九龍觀塘榮業街 6 號海濱工業大廈 4 樓 A 室
版　　次	2020 年 7 月第 1 版第 1 次印刷
	© 2020 商務印書館(香港)有限公司
	ISBN 978 962 07 5814 0
	Printed in Hong Kong

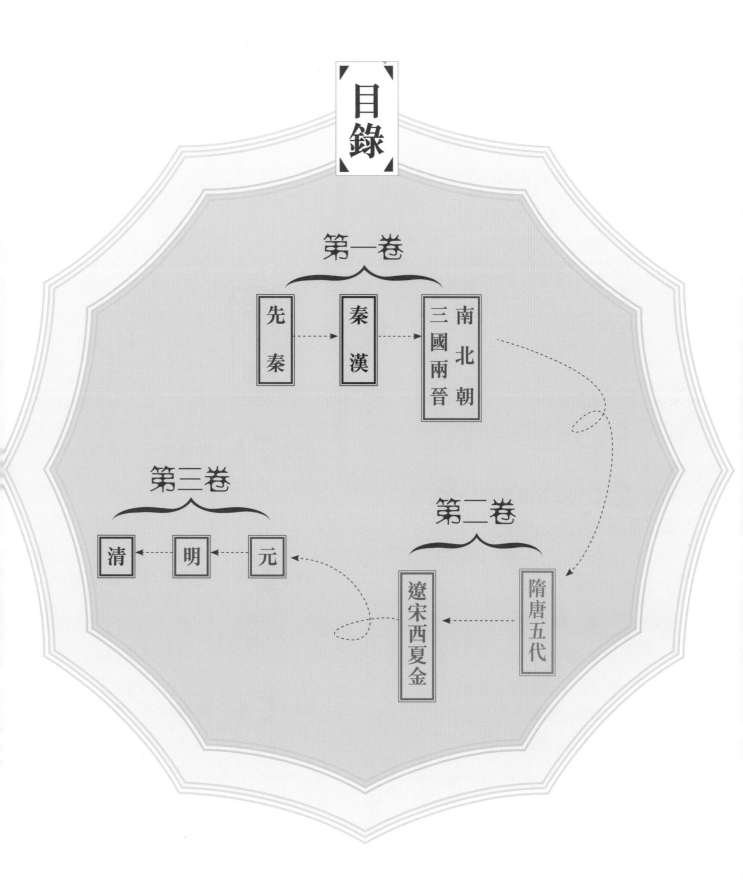

南北朝
三國兩晉

亂世華彩
融合新生

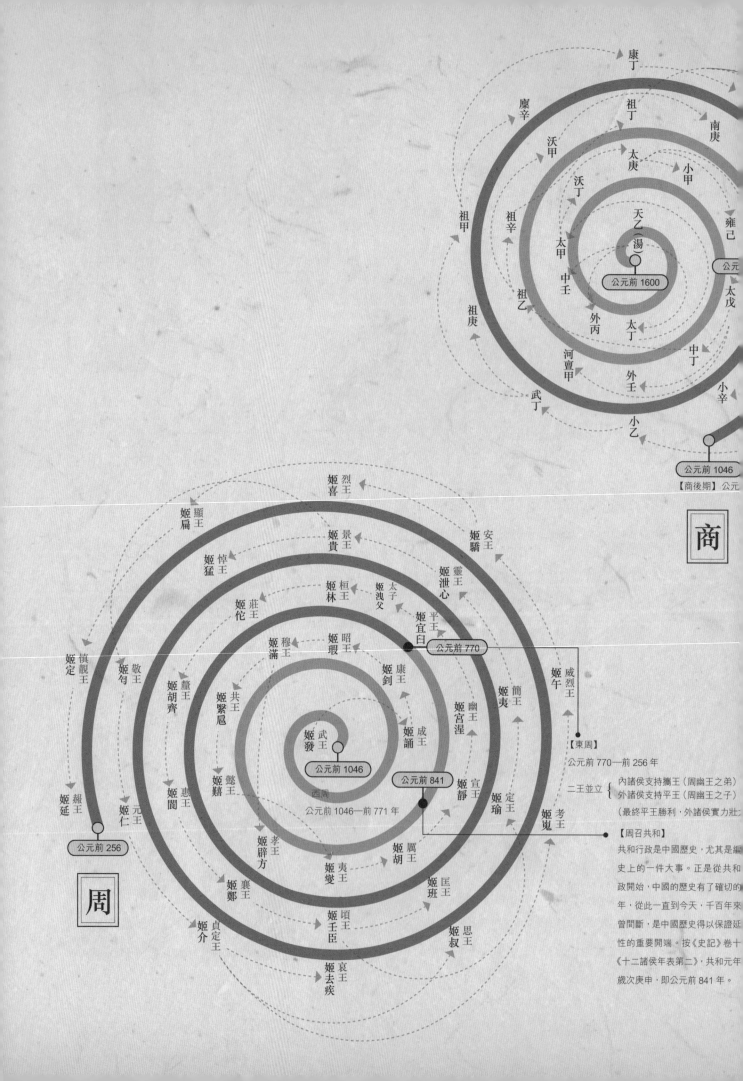

康丁
祖丁
沃甲
南庚
太庚
廩辛
小甲
沃丁
雍己
祖甲
祖辛
太甲
中壬
天乙（湯）
公元前 1600
公元
太戊
祖庚
外丙
太丁
中丁
祖乙
河亶甲
外壬
小辛
武丁
小乙

公元前 1046
【商後期】公元

商

烈王
姬喜
顯王
姬扁
安王
姬驕
景王
姬貴
悼王
姬猛
靈王
姬泄心
莊王
姬佗
桓王
姬林
姬洩父
太子
平王
姬宜臼
公元前 770
威烈王
姬午
穆王
姬滿
昭王
姬瑕
康王
姬釗
敬王
姬匄
慎靚王
姬定
厲王
姬胡齊
共王
姬繄扈
姬誦
成王
幽王
姬宮涅
簡王
姬夷
貞定王
姬介
靈王
姬胡齊
武王
姬發
公元前 1046
西周
公元前 1046—前 771 年
公元前 841
宣王
姬靜
定王
姬瑜
【東周】
公元前 770—前 256 年
二王並立
內諸侯支持攜王（周幽王之弟）
外諸侯支持平王（周幽王之子）
（最終平王勝利，外諸侯實力壯大

慎靚王
姬定
赧王
姬延
元王
姬仁
惠王
姬閬
懿王
姬囏
孝王
姬辟方
夷王
姬燮
厲王
姬胡
匡王
姬班
孝王
姬覲
考王
姬嵬
襄王
姬鄭
頃王
姬壬臣
思王
姬叔
公元前 256

周

哀王
姬去疾

公元前 841

【周召共和】
共和行政是中國歷史，尤其是編
史上的一件大事。正是從共和行
政開始，中國的歷史有了確切的
年，從此一直到今天，千百年來
曾間斷，是中國歷史得以保證延
性的重要開端。按《史記》卷十
《十二諸侯年表第二》，共和元年
歲次庚申，即公元前 841 年。

先秦

文明濫觴
百家爭鳴

　　中國，屹立於亞歐大陸東側、太平洋西岸，與古埃及、古巴比倫、古印度並列為世界四大文明古國。中國，從零星的族群、部落，經過交流、融合與擴張，匯聚成偉大的中華文明。著名歷史地理學家譚其驤院士曾言："歷史好比演劇，地理就是舞台"。回溯中華文明五千年歷史，縱覽中華大地萬里江山，中國歷史真如一幕幕大劇精彩上演，華夏大地就是其演出的舞台和沃土。從盤古開天地、三皇五帝的神話傳說時代到秦王嬴政建立大一統的秦王朝（公元前 221 年），這段漫長的歷史時期就是我們所說的先秦時期。總的來說，先秦時期是中國古代文明起源與形成的時代；是中華民族共同體的奠基時代；是制度文明的奠定時期；是後代思想文化的源頭時期，對中國乃至世界的歷史進程影響深遠。

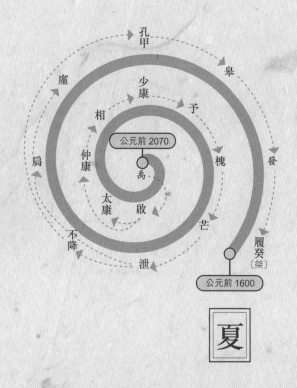

夏

父 ┄┄┄▶ 子

父子關係

壹 原始大地的文化異彩

◎ 滿天星斗式的文明曙光　　◎ 中國史前文化聚落的見證

滿天星斗式的文明曙光

　　在遙遠的史前時代，早期國家形成之初，中華大地上就有許多族或族羣，我們稱之為原始羣，其中具有代表性的原始羣便是我們耳熟能詳的元謀人、藍田人、北京人等。他們如繁星般散落在中華大地上，並漸漸相互融合。

｛蘇秉琦先生提出的中國史前文化的六大區系｝

｛馬家窯文化蛙紋彩陶罐｝

六 紅山文化
代表性遺址：喀左東山嘴遺址、朝陽牛河梁紅山文化遺址
文化特徵：玉器

公元前 5000 年至公元前 4000 年

四 河姆渡文化
代表性遺址：鯔山遺址、鰲架山遺址、慈湖遺址、小東門遺址、傅家山遺址、田螺山遺址
文化特徵：稻作文化

公元前 5000 年至公元前 3300 年

六 馬家窯文化
重要遺址：甘肅東鄉林家，廣河地巴坪，臨洮馬家窯，蘭州青崗岔、花寨子，土谷台，白道溝坪，永昌鴛鴦池，青海樂都柳灣等
文化特徵：彩陶

公元前 5000 年至前 3000 年

｛仰韶文化人面魚紋彩陶盆｝

五 萬年仙人洞遺址
文化特徵：粗砂紅陶

一 仰韶文化
代表性遺址：仰韶村遺址、半坡遺址
文化特徵：旱作農業

公元前 6000 年　　　　　公元前 5000 年　　　　　公元前 4000 年

距今 6500—4500 年左右　　　距今 5300—4500 年左右

二 大汶口文化
代表性遺址：大汶口遺址
文化特徵：以夾砂陶和泥質紅陶為主

四 良渚文化
代表性遺址：莫角山遺址、錢山漾遺址、張陵山遺址
文化特徵：灰黑陶、玉器

以長城地帶為重心的北方地區

紅山文化

以長城地帶為重心的北方地區

仰韶文化
半坡村遺址

山東及鄰省一部分地區

馬家窰文化

大汶口文化
龍山文化

陝豫晉鄰境地區

長江下游地區

屈家嶺文化

河姆渡文化
良渚文化

湖北和鄰近地區

以鄱陽湖——珠三角
為中軸的南方地區

萬年仙人洞遺址

南海

《中國史前文化六大區系示意圖》

典型代表

文化區系

一　陝豫晉鄰境地區
二　山東及鄰省一部分地區
三　湖北和鄰近地區
四　長江下游地區
五　以鄱陽湖——珠三角洲為中軸的南方地區
六　以長城地帶為重心的北方地區

公元前 3300—前 2600 年

三　屈家嶺文化
　　代表性遺址：京山屈家嶺遺址、
　　　　　　　　荊州陰湘城遺址、
　　　　　　　　石首走馬嶺遺址
　　文化特徵：點、線狀幾何紋為主的黑陶

{ 屈家嶺文化彩陶紡輪 }

公元前 3000 年　　　　　　公元前 2000 年　　　（時期）

公元前 2500 年至公元前 2000 年

二　龍山文化
　　代表性遺址：兩城鎮遺址、陶寺遺址、堯王城遺址
　　文化特徵：黑陶

龍山文化有牙玉璧

300
500
700
900
1100
1300
1500
1700
1900

原始羣時代之後是氏族社會階段，氏族社會又分為母系氏族階段和父系氏族階段。原始羣和母系氏族階段的初期也是學術界所認為的普遍意義上的舊石器時代。自母系氏族階段發展到父系氏族階段，中華大地的文明進入新石器時代。在這一歷史時期，各地就已經出現了許多具有不同特點、相對獨立的文化區域，如北方的紅山文化、中原的仰韶文化、東方的河姆渡文化，等等。公元前5000年以來，新石器時代的先民因地制宜開展農業生產，中國大地上形成了若干各具特色的文化區系。

在考古學界，考古學家們長期探索着中國史前文化的地域和特點。1981年，著名考古學家蘇秉琦先生發表了《關於考古學文化的區系類型問題》，率先提出中國考古學的區系類型學說，他把中國大地上的史前文化劃分為六大區系（六個區域文化圈），這一經典理論影響深遠。

以燕山南北、長城地帶為重心的北方為例：這一區系從東向西又可分為以昭盟（昭烏達盟）為中心的地區、河套地區、以隴東為中心的甘青寧地區三個部分。就其中"以昭盟為中心的地區"來說，主要的文化遺址類型有：阜新查海遺址和敖漢興隆窪遺址，紅山文化和富河文化、趙寶溝文化（新石器文化），赤峰小河沿、大南溝遺址，夏家店下層文化和夏家店上層文化（青銅文化），魏營子文化，燕文化等等。可見，遼闊的中華大地散落着不計其數的史前文化遺址，無不散發着人類文明的曙光。

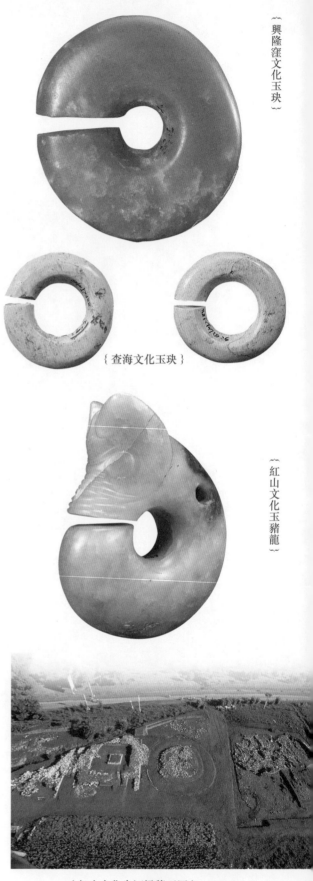

﹝興隆窪文化玉玦﹞

{查海文化玉玦}

﹝紅山文化玉豬龍﹞

{紅山文化牛河梁積石冢}

中國史前文化聚落的見證

關於中華文明的起源和中華民族共同體的形成過程，諸多學者做了大量研究。按照傳統說法，中華文明史起自三皇五帝時期，號稱"中華文明五千年"。我們或可認為三皇五帝不過是華夏文明形成之初"王天下"的代表人物。但在傳說中，神農曾有"有石城十仞，湯池百步，帶甲百萬，而亡粟，弗能守也"的事件發生。而另一位傳說中的人物黃帝，據說也曾"為五城十二樓"。而大禹之父鯀更有"鯀作城郭"之傳說。這都說明在華夏文明形成初期，城就相伴而生了。

﹛平糧台古城北門發掘現場﹜
河南淮陽平糧台古城遺址屬於龍山文化，呈正方形，面積5萬平米，坐北朝南，規劃整齊

﹛龍山時代古城一覽表﹜

群	城址	位置
第一群	涼城老虎山、西白玉板城、大廟坡、準噶爾寨子塔	涼城岱海岸邊
	包頭威俊、阿善、西園、莎木佳、黑麻板	大青山南麓
	準噶爾旗的寨子上、清水河縣馬路塔、後城嘴	黃河向南拐彎處
第二群	山西襄汾陶寺	陶寺文化中心區
	河南輝縣孟莊、安陽後崗	豫東北
	河南淮陽平糧台、鄲城郝家台	豫東南
	河南登封王城崗、新密古城寨	嵩山南麓
第三群	陽谷景陽岡、陽谷皇姑冢、陽谷王家莊、五蓮丹土、壽光邊綫王、	黃河下游
	淄博田旺、茌平教場鋪、東阿王集、茌平太尉、茌平尚莊、	
	茌平樂平鋪、滕州尤樓	
第四群	新津寶墩、都江堰芒城、溫江魚鳧、郫縣梓路、崇州雙河	長江上游

BC 2100
BC 1900
BC 1700
BC 1500
BC 1300
BC 1100
BC 900
BC 700
BC 500
BC 300
BC2070—BC221
BC 100
0
100
300
500
700
900
1100
1300
1500
1700
1900

{良渚文化玉琮}

玉琮外方內圓，是祭天的禮器，這件玉琮直徑約 20 釐米，重達 6.5 千克，被稱為"琮王"

{良渚文化玉斂葬}

這是良渚文化埋有最多玉器的墓葬，墓主人是一個二十多歲的男子

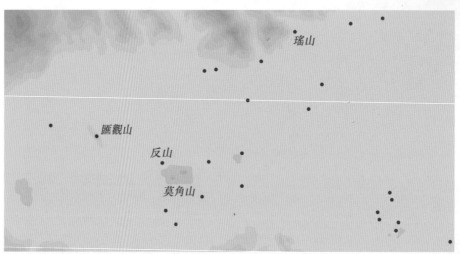

{莫角山遺址分佈圖}

莫角山遺址是良渚文化最高層次的中心聚落，以莫角山大型建築為中心，四周佈有土墩大墓葬和祭壇等 54 處

瑤山

匯觀山

反山

莫角山

良渚遺址

自 1936 年施昕更先生在杭州西北郊的良渚進行考古發掘後，良渚文化便聲名鵲起，其中出土的大量精美玉器更是震驚了世界。2007 年，考古工作者在浙江餘杭葡萄畈進行考古發掘，試掘和大面積鑽探發現了完整的良渚古城牆，圍繞莫角山而建的良渚古城的總體輪廓得以顯現。良渚古城的"橫空出世"，為世界展示了中國史前文明新的輝煌。從數據上看，良渚古城東西長 1500~1700 米，南北長 1800~1900 米，總面積達 290 多萬平方米，是目前所發現的新石器時代南部中國最大的城址，比中原地區的二里頭遺址早了 800 年。

從時空位置上看，良渚古城北、西、南三面環山，東面是平原。這樣的建城位置選擇，古人應當是經過了慎重的考量。這裏既能充分利用周邊資源，如山地的石、玉、木材以及平原和沼澤的水稻、水產，其地勢又具有進可攻、退可守的便利。同時，這裏還具有便利的交通網絡。

BC 2100

BC 1900

BC 1700

BC 1500

BC 1300

BC 1100

BC 900

BC 700

BC 500

BC 300

BC2070—BC221

BC 100

0

100

300

500

700

900

1100

1300

1500

1700

1900

{ 良渚古城水利系統示意圖 }

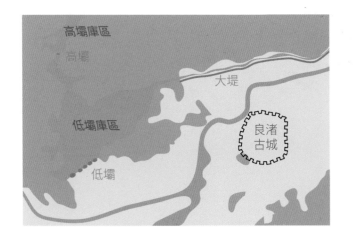

高壩庫區

高壩

大堤

低壩庫區

低壩

良渚古城

{ 良渚古城示意圖 }

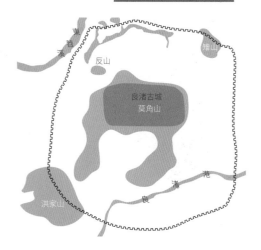

東苕溪

雉山

反山

良渚古城 莫角山

洪家山

良 渚 港

更引人注目的是，2015 年發現的良渚古城外圍的水利系統是迄今所知中國最早的大型水利工程，也是世界最早的水壩。這比傳說的大禹治水還要早，而且它建壩堵水，在沼澤地上建立大城的"征服自然"之舉與大禹治水崇尚人與自然和諧相處的理念相差甚遠。

石峁遺址

石峁遺址位於陝西省神木縣高家堡鎮石峁村的禿尾河北側山峁上，地處陝北黃土高原北部邊緣，距今 4300 年左右，略晚於良渚古城，早於陶寺遺址和中原的二里頭遺址，屬新石器時代晚期至夏代早期遺存。經過考古學者的調查發現，這是一處宏大的石砌城址，由"皇城台"、內城、外城三座基本完整並相對獨立的石構城址組成。其中，內城牆體殘長達 2000 米，面積約 235 萬平方米；而外城牆體殘長達 2840 米，面積約 425 萬平方米。其規模遠大於年代相近的良渚遺址、陶寺遺址等已知城址，成為已知史

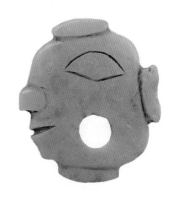

{ 石峁遺址出土的玉雕雙面人頭像 }

前城址中最大的一個。石峁遺址對進一步探索中華文明起源具有重要意義，同時這一遺址規模宏大的石砌城牆與以往發現的數量龐大的石峁玉器，顯示出了石峁遺址在北方文化圈中的核心地位。基於此，石峁遺址以"中國文明的前夜"入選 2012 年十大考古新發現和"世界十大田野考古發現"以及"21 世紀世界重大考古發現"。

{灰陶尊}

山東鄒平丁公遺址與陶寺遺址同
屬龍山文化，出土的灰陶尊上面
圖畫 "日雲火" 圖像，被釋讀為
"旦" 字，遠遠早於甲骨文

{陶寺墓地遺址}

{陶寺遺址出土的彩繪蟠龍紋陶盆}

{陶寺遺址出土的骨簪}

陶寺遺址

　　陶寺遺址位於山西省襄汾縣陶寺村南，東西長約 2000 米，南北寬約 1500 米，面積約 280 萬平方米，是中原地區規模最大的龍山文化遺址之一。遺址出土的大量斑斕絢麗的彩繪陶器，構成了陶寺文化的一大特色。彩繪蟠龍圖形的陶盤，是其中最富特徵的器物，是迄今在中原地區所見蟠龍圖像的最早樣本。

　　許多學者認為，陶寺遺址是堯的都城，擁有了文明起源形成的要素和標誌，在這一時期中國就已經進入文明階段，這比傳統認為的 "華夏文明從夏王朝開始" 整整提前了300 年。1984 年，陶寺遺址出土了一片扁壺殘片，殘片斷茬周圍塗有紅色，殘片上朱書兩個文字，其中的一個字為 "文"，另一個字專家們有 "堯"、"易"、"命" 等多種解釋。關於中國文字的起源，大家公認甲骨文是初步定型成熟的文字系統，但同時也認為在甲骨文之前中國文字還有一段很長的萌生的歷

史。近年來，陶寺遺址的爭論焦點集中在是否有文字出現，這非同小可，若能認定，那中華文字的起源至少可以再上推 700 多年。

　　另外，在陶寺遺址還發現了黃河中游最大的史前墓葬。陶寺遺址發掘並清理了 1309座墓葬，其中大型墓僅有 6 座，不到墓葬總數的 0.5%。大型墓一般長 3.2 米、寬 2.5米，有木棺，棺底有朱砂，隨葬品多達上百件，最多的達 200 件。大型墓的左右兩側，往往對稱地分佈着兩座中型墓，埋葬着裝飾華貴的女性死者。由此可見，陶寺社會貧富分化懸殊，少數貴族大量聚斂財富，形成了特權階層。

〔二里頭宮殿遺址出土塗朱石璋〕

〔陶盉〕

〔灰陶甑〕

二里頭遺址

　　1959 年，著名歷史學家徐旭生先生在豫西尋找"夏墟"時發現了二里頭遺址，揭開了中國早期文明起源的輝煌篇章。徐旭生從文獻入手，鎖定重點調查區域，從而找到"夏墟"，可謂充分利用歷史地理學研究方法的範例。二里頭文化的直接分佈範圍並不太大，它以河南中西部的龍山文化分佈區域為根據地，以洛陽盆地的二里頭王都為中心，直接控制範圍在直徑 200 千米以內。

　　二里頭遺址是最早的具有明確規劃的都邑，開創了中國古代都城營建制度的先河。這裏發現了平民建築遺址、手工業作坊遺址、墓葬和窖穴等，在遺址中部發現的 30 多座夯土建築基址，是迄今為止中國發現的最早的宮殿建築基址羣。

　　值得一提的是，二里頭遺址清理出了大量青銅器、玉器、骨器和陶器。這裏出土的青銅爵、青銅斝是中國發現的最早的青銅器，也是世界上最早的青銅器。

　　二里頭文化社會與文化的發達程度具有前所未有的強勢輻射態勢，由於其開創性的歷史意義，二里頭文化所處時代被稱為"二里頭時代"。二里頭時代的二里頭都邑，就是當時的"中央之邦"；二里頭文化所處的洛陽盆地乃至中原地區，就是最早的"中國"。

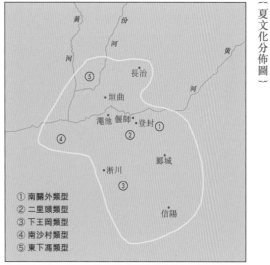

〔夏文化分佈圖〕

黃河　汾河　黃河

⑤　長治

·垣曲

澠池　偃師　·登封①

④　②

·淅川　郾城

③

信陽

① 南關外類型
② 二里頭類型
③ 下王崗類型
④ 南沙村類型
⑤ 東下馮類型

〔二里頭宮殿遺址出土的玉琮〕

〔二里頭遺址出土的青銅爵〕

BC 2100
BC 1900
BC 1700
BC 1500
BC 1300
BC 1100
BC 900
BC 700
BC 500
BC 300
BC2070—BC221
BC 100
0
100
300
500
700
900
1100
1300
1500
1700
1900

貳

華夏文明的成長歷程

◎ 最初的華夏國家　　◎ 商人的興衰　　◎ 商代的農業發展　　◎ 神秘的古蜀大地

◎ 周人的崛起與天下格局的形成　　◎ 一歸於秦

在古文獻中，我們能看到大量關於父系氏族社會的傳說，司馬遷《史記》的第一篇《五帝本紀》、唐代司馬貞為《史記》補寫的《三皇本紀》，均記載了我們耳熟能詳的"三皇五帝"、"伏羲"、"女媧"、"神農"等傳說。從這些文獻中我們可以知道，早期的部落聯盟首領有神農、黃帝和蚩尤，繼此之後又出現了以堯、舜、禹為代表的"禪讓時代"的部落聯盟首領。

隨着社會生產力的發展，產生了農業與畜牧業、手工業的分化，早期商品交換隨之產生，私有制不斷發展，貧富分化逐漸明顯。如大汶口遺址（位於今山東省泰安市岱嶽區大汶口鎮）的墓葬中，大型墓葬中隨葬品有數十件甚至百餘件，小墓則空無一物。可以明顯看出這一時期貧富差距的懸殊。

父系氏族社會的部落首領、氏族長老等權威家長在掌握軍事權力及宗教權力的同時，也掌握着資源的管理與分配，貧富分化由此產生。在原始社會末期，"私有制的出現是貧富分化的必然結果。此後，接踵而來的就是奴役和掠奪。於是，階級和奴隸的出現，便成為必然的事了"（王玉哲著：《中華遠古史》）。

最初的華夏國家

相傳，禹曾舉薦皋陶為繼承人，皋陶先卒，又舉其子益為繼承人，可禹死後，百姓歸啟而不歸益，而《竹書紀年》則記載："益干啟位，啟殺之"。這兩種完全相反的說法，真偽難以確定，但有一點是毋庸置疑的，即自啟開始了中國古代"家天下"的統治模式。而作為古代中國第一個統治政權，夏王朝已經建立了一系列的國家機構，國家最高統治者稱"后"，之下有分管政教、農業、畜牧、膳食、車服、軍事的各種官吏，在國家機器正常運轉維持了基本的社會秩序之後，社會經濟文化不斷發展。

由於年代久遠，文獻不足徵，確鑿可考的夏代史事極為有限。司馬遷在《夏本紀》中所列的十四世、十七王，也只知其名，乏有可陳。歷經 471 年之後，商族的首領湯率兵討伐夏朝最後一個統治者桀，桀被流放到南巢（今安徽中南部一帶），夏王朝在中原的統治宣告結束。歷史上的九州（如《尚書·禹貢》），是戰國時代人們推想的夏代疆域。

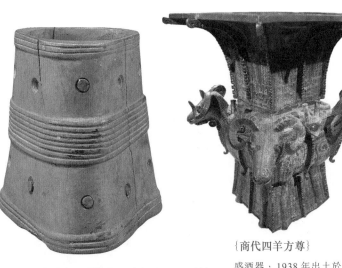

{大汶口遺址大型墓葬出土的嵌松石骨雕筒}

{商代四羊方尊}

盛酒器，1938 年出土於湖南省寧鄉縣

{商代后母辛方鼎}

禮器，殷墟婦好墓出土，婦好是商王武丁的配偶，"辛"是她死後的廟號

{青釉弦紋豆}

江西新干大洋洲遺址出土，具有典型的吳城文化特色

BC 2100
BC 1900
BC 1700
BC 1500
BC 1300
BC 1100
BC 900
BC 700
BC 500
BC 300
BC2070—BC221
BC 100
0
100
300
500
700
900
1100
1300
1500
1700
1900

商人的興衰

商朝興起於黃河中下游，《尚書·序》記載了自商人的始祖契至商朝開國君主湯的八次遷徙之事，在此過程中商人對外不斷征伐，勢力範圍不斷擴張。至湯建商朝，其勢力範圍西到今陝西西部、北到河北北部、南到湖北和湖南北部、東到海濱，周邊部族在湯伐夏的過程中，有的臣服於商，有的為商所滅。商朝建立之後，國都多次遷移，其中最著名的是盤庚從奄（今山東曲阜）遷都至殷（今河南安陽），商朝自此稱"殷商"。

盤庚遷殷後，商朝開始安定下來，其統治時期，國力強盛，北伐鬼方，西南伐荊楚，《詩·商頌·玄鳥》讚頌道："邦畿千里，維民所止，肇域彼四海"。

河南安陽小屯殷都，也就是我們常說的殷墟，是商王武丁以來營建的商代都城，甲骨文及《尚書》中所稱"天邑商"、"大邑商"指的就是這裏。遺址大致位於今安陽市洹河南岸，其範圍以小屯宮殿為中心，總面積達36 平方千米，是當時世界上最大的城市之一，無怪《詩經》讚頌其為"商邑翼翼，四方之極"。

在中原地區最早形成強有力的政權夏朝和商朝的同時，周邊及其他區域還分佈着其他部族政權，考古發現可以證實的就有位於江西的吳城文化以及位於四川的三星堆文化等。吳城遺址是江西境內諸商代遺址中文化內涵最為豐富的，包括新干大洋洲大墓在內的吳城遺址類型中，出現了城牆、成套的青銅禮器、大型祭祀廣場和文字等，可見吳城遺址已具有國家文明的形態。

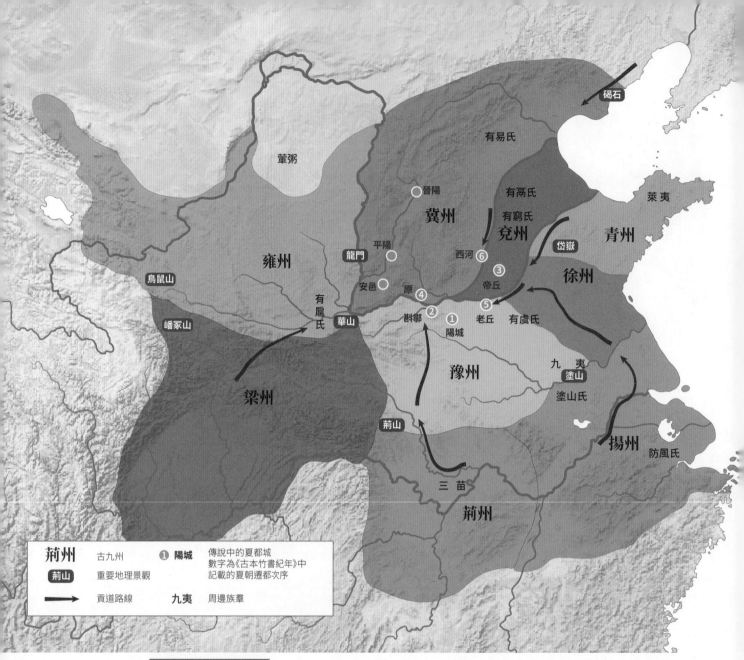

董粥

有易氏

碣石

晉陽

有鬲氏

萊夷

冀州

有窮氏

雍州

兗州

青州

鳥鼠山

龍門

平陽

西河 ⑥

岱嶽

徐州

安邑

③

嶓冢山

原 ④

帝丘

華山

斟鄩 ②

⑤

有扈氏

① 陽城

老丘

有虞氏

梁州

九 夷

塗山

豫州

塗山氏

荊山

揚州

防風氏

三 苗

荊州

荊州	古九州	① 陽城	傳說中的夏都城
荊山	重要地理景觀		數字為《古本竹書紀年》中記載的夏朝遷都次序
→	貢道路線	九夷	周邊族羣

{ 禹貢九州示意圖 }

{ 西亳商城的城牆遺址 }

{ 殷墟鳥瞰圖 }

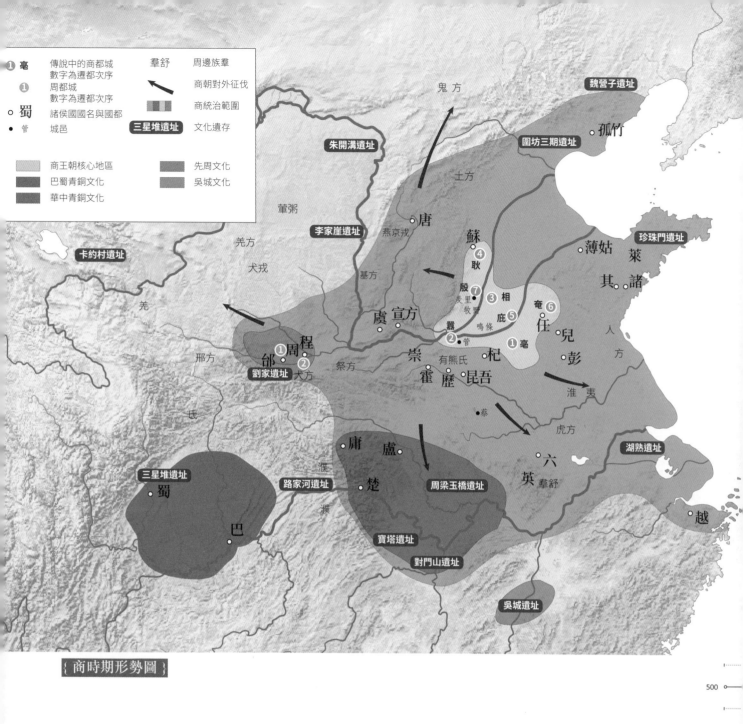

圖例（legend）

- 亳 ① 傳說中的商都城 數字為遷都次序
- ① 周都城 數字為遷都次序
- ○ 蜀 諸侯國國名與國都
- • 管 城邑
- 羣舒 周邊族羣
- → 商朝對外征伐
- 商統治範圍
- 三星堆遺址 文化遺存
- 商王朝核心地區
- 巴蜀青銅文化
- 華中青銅文化
- 先周文化
- 吳城文化

地圖標註（map labels）

魏營子遺址　孤竹　珍珠門遺址　圍坊三期遺址　萊　其　諸　鬼方　朱開溝遺址　土方　李家崖遺址　唐　蘇　薄姑　燕京戎　④　耿　薫粥　羌方　基方　殷　⑦　相　③　庇　⑤　奄　⑥　任　卡約村遺址　羌　犬戎　虞　宣方　嚚　②　管　①　亳　兒　彭　邢方　氏　程　周①　邵②　劉家遺址　犬方　祭方　崇　有熊氏　杞　昆吾　人方　霍　歷　淮夷　蔡　虎方　三星堆遺址　蜀　路家河遺址　庸　盧　楚　周梁玉橋遺址　六　英　羣舒　湖熟遺址　巴　漢　寶塔遺址　對門山遺址　越　吳城遺址

{ 商時期形勢圖 }

500　700　900　1100　1300　1500　1700　1900

{ 商代遷都過程及原因 }

仲丁	自亳（今河南商丘）遷於嚚（今河南鄭州西北）
河亶甲	自嚚遷於相（今河南內黃東南）
祖乙	祖乙居庇（今地説法不一）
南庚	自庇遷於奄（今山東曲阜）
盤庚	自奄遷於殷（今河南安陽）

① "去奢行儉"説：貴族在舊都太奢侈，遷都是為了節儉

② "水災"説：洪水泛濫，沖毀舊都

③ "遊牧"、"遊農"説：商人是遊牧民族，生活居無定所，都城也常遷

④ 階級鬥爭説

⑤ "比九世亂"説：貴族之間長期爭奪王位的鬥爭

商代的農業發展

農業是古代國家運轉、社會穩定的基石，商代的農業已經較為發達，對國家社會有着深遠影響：

第一，手工業分工愈加精細，不僅手工業從農業中分離出來，而且出現了一個不從事生產只從事交換的商人集團，貨幣已經產生並成為財富的象徵。

第二，戰爭頻繁，軍隊數目龐大（商朝統治者擁有一支強大的軍隊，據卜辭記載，一次出兵人數可達 3000 或 5000 人，最多時曾達 1.3 萬人）。

第三，釀酒業發達，釀酒業的存在和發展是農業發達的跡象之一。

{ 甲骨文中反映的商代農業 }

生產工具

糧食作物

甲骨文中的相關記載舉例

鑊
翻土農具
黍
丙子貞：
其登黍於宗
——《合》228

鉬
翻土農具
稷
丙戌卜，
我受稷年

犁
翻土農具
麥
王田於麥

鑔
鉏
耘耕農具
稻
丁酉卜，爭貞：呼甫秜於受有年（秜即稻）

茜字，于省吾先生認為是"菽或豆的初文"

菽
鐮
收割農具

{石鐮刀}

殷墟宮殿窖穴出土 444 件有使用痕跡的石鐮刀，意味着同時可有 400 多人一起勞作，可見商代農業生產規模

{三星青銅人頭像}　　　　{三星堆戴冠飾簪人頭像}

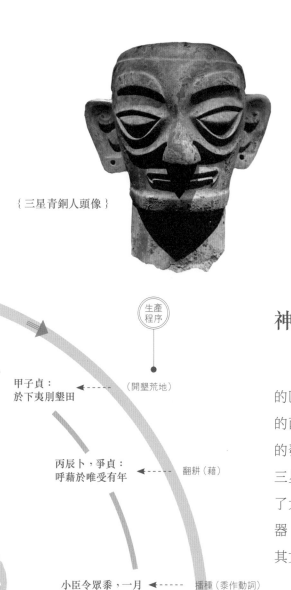

生產
程序

甲子貞：
於下夷削墾田　◀- - - -　（開墾荒地）

丙辰卜，爭貞：
呼藉於唯受有年　◀- - - -　翻耕（藉）

小臣令眾黍，一月　◀- - - -　播種（黍作動詞）

辛未貞：今日蓐田　——《甲》1978　　　　　　田間管理
屎有足，乃墾田。　——《前》5.27.6　◀- - -　除草（蓐）
其告螽上甲，二牛。——《粹》88　　　　　　　施肥（屎）
　　　　　　　　　　　　　　　　　　　　　除蟲（螽）

貞：婦井年獲。　　——《合集》9596
丁亥卜，其採粟　——《屯南》794　◀- - -　收穫

神秘的古蜀大地

在夏商周時期，不僅是中原，中原以外的區域經濟文化也有了迅速的發展。在中國的西南區域，今天的四川成都一帶，古蜀國的發展尤為突出，其中尤具代表性的是廣漢三星堆遺址和成都金沙遺址。這些遺址出土了大量的青銅器、金器、玉器、象牙器、漆器、陶器，還發現了許多房屋、墓葬的遺址，其文化之興盛可見一斑。

三星堆遺址位於四川省廣漢市以西約10千米的南星鎮三星村，20世紀30年代以來，華西大學、四川大學、四川省博物館、四川省文物考古研究院（所）等多次對其進行發掘。《中國考古學·夏商卷》認為，從三星堆遺址二期之後，其考古文化相當於中原文化的二里頭文化至商代末年或西周初年。從三星堆出土的器物來看，形式主要分兩類，一是三星堆自有的、中原地區不見其特徵的器物，如青銅立人、神樹神壇等；二是受到中原文化影響或與中原文化交流有關係的，如罍、尊鼎、斝等。三星堆文化在夏商周時期一直是相對獨立發展起來的，但從出土的玉器和青銅器來看，中原禮制對其產生的影響已經相當深遠。

BC 2100

BC 1900

BC 1700

BC 1500

BC 1300

BC 1100

BC 900

BC 700

BC 500

BC 300

BC2070—BC221

BC 100

0

100

300

500

700

900

1100

1300

1500

1700

1900

{三星堆與商青銅器對比}

商龍虎紋青銅尊

三星堆銅尊

口徑較大

扉棱飾文

肩外緣三獸首

牛首

龍首

雲紋

直腹

雲雷紋、虎食人紋

弧形收腹

高足

周人的崛起與天下格局的形成

周族原來居住在陝西渭水中游以北,是戎族的一支。傳說有邰氏之女名姜嫄,踩了"巨人"的腳印後生棄,棄是周族的始祖。棄善於經營農業,被堯封為農師,封在邰(今陝西武功),賜號后稷,姓姬。自棄以後,周族社會經濟發展迅速。到古公亶父時期,為了躲避戎、狄的侵擾,又率領族人遷徙到岐山下的周原。周原土壤肥沃,適宜耕種,周族在這裏定居下來。這一時期的周族仍臣服於商,接受商的封號。古公亶父死後,子季歷繼位,季歷死後,子昌立。姬昌被商封為西伯,後世稱其為文王。

文王治岐時,周的社會經濟、文化的發展非常迅速,實力日益強大,先後滅掉許多周邊部族,對商的統治構成了嚴重威脅。

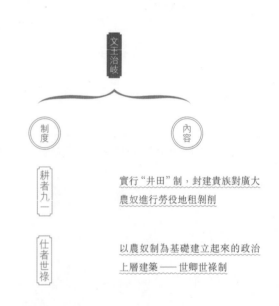

文王治岐

制度

內容

耕者九一

實行"井田"制,封建貴族對廣大農奴進行勞役地租剝削

仕者世祿

以農奴制為基礎建立起來的政治上層建築——世卿世祿制

*"文王治岐"是很有名的歷史事件,這在《孟子·梁惠王》中有記載:"昔者,文王之治岐也,耕者九一,仕者世祿,關市譏而不徵,澤梁無禁,罪人不孥。"

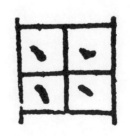

{甲骨文的"周"字}
此字形象表明了周族的得名,正是因為他們善於農耕

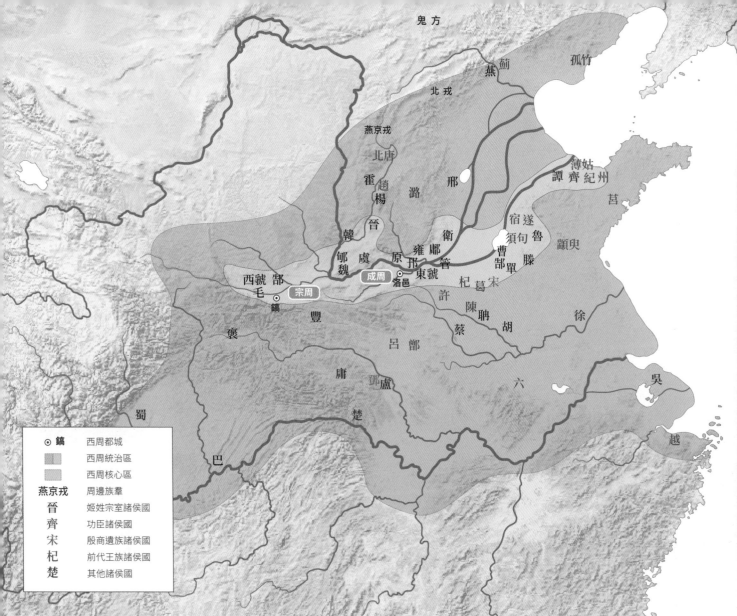

【西周時期形勢圖】

300
500
700
900
1100
1300
1500
1700
1900

　　文王去世後，其子姬發繼位，遷都於鎬京（位於今陝西西安長安區），是為武王。此時的商王朝正忙於對東夷的攻伐，武王乘機聯合庸、蜀、羌、髳、微、盧、彭、濮等方國，在牧野（位於今河南省新鄉市北部）大敗商紂王，紂王自焚，商朝滅亡。

　　武王滅商之後，建立了周王朝。武王統治之初，受封的商族後人武庚，表面臣服，實則想要復辟。武王死後，其子成王繼位，武王之弟周公旦輔政。管叔、蔡叔懷疑周公篡權，與武庚勾結，發動大規模叛亂。周公力勸召公東征，在召公支持下，周公調動大軍，採取軍事攻勢與政治爭取並舉的謀略，歷時三年，平定叛亂。從此以後，周對黃河下游的控制已比較牢固，並向外擴展，控制範圍西到甘肅東部，東到海濱，南到淮水流域，北到河北北部和遼寧西南部。

　　西周建立後，周王沿用並發展了商朝的畿服制度，將王都以外的地區，按其與王朝的關係以及距離王都的遠近劃分為幾個大區域，王畿以內有封國、采邑，有畿內采邑的多為王朝的公卿大夫，也稱諸侯。畿內封國、采邑對維護周王的統治、保障王室的財政收入極為重要。而王畿以外的諸侯，少數為周王的親戚和功臣，多數為殷商舊國或先王、先臣之後。畿外諸侯國是王朝管轄區域內的行政組織，其主要職責是拱衛王室，防止外敵入侵。這些封國之中最重要的是衛、魯、齊、晉、燕、宋等國。

周的疆域和勢力範圍比商的更大，儘管

與這些周邊民族的交流過程在銘文記載中都是以戰爭征伐為主，然而我們不應該忽視戰爭背後民族之間的交流融合。

魯昭公九年（公元前 533 年），周王使臣詹桓伯曾述及周的政治地理格局：“我自夏以后稷，魏、駘、芮、岐、畢，吾西土也。及武王克商，蒲姑、商奄，吾東土也；巴、濮、楚、鄧，吾南土也；肅慎、燕、亳，吾北土也”（《左傳‧昭公九年》），儼然有“普天之下，莫非王土；率土之濱，莫非王臣”之局勢。

{ 從金文看周王室與周邊部族關係 }

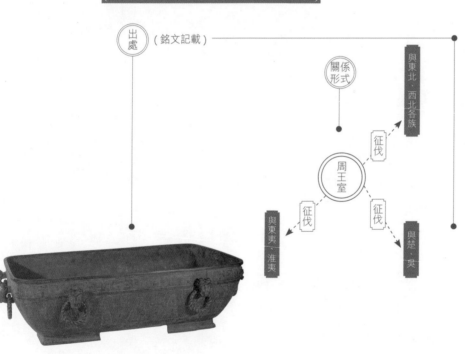

{ 大盂鼎 }

這是西周早期的重器，有 281 字銘文，記載了周康王對大臣盂的冊命和賞賜。對了解西周立國的曲折和艱辛有極其重要的史料價值

{ 虢季子白盤 }

此器屬於國寶，內底有銘文 111 字，記載虢季子白在抗擊玁狁的戰爭中大勝，斬敵 500 人，俘虜 50 人。周宣王賜給他車馬、弓、鉞並授予他征伐之權。對研究當時的禮法、歷史有重要意義。虢國是西周晚期分封的姬姓諸侯國，封爵為“公”，地位很高

{ 魯侯尊 }

這是西周初年的酒器，也是禮器。銘文22 字，記載周康王命王臣明公率軍征伐東夷，魯國國君也親自率軍參戰。由此可見當時周天子是可以調動和指揮諸侯的

一歸於秦

公元前 771 年周幽王"烽火戲諸侯"，死於驪山，西周覆滅，諸侯擁立原太子宜臼，是為平王。平王即位時，豐鎬地區早已因長年戰亂頹敗不堪，於是被迫東遷至東都雒邑，世稱"東周"。

自平王東遷到"三家分晉"的歷史時期為春秋時期。春秋前期，尚有諸侯國 100 餘個，但多不再聽命於天子。諸侯間互相兼併，出現了大國"尊天子以令諸侯"的情況，各大諸侯國都想爭雄稱霸，其中最著名、影響最大的莫過於"春秋五霸"。除此之外，春秋時期形成地方霸主勢力的，還有吳王闔閭、夫差與越王勾踐。

隨着井田制的瓦解和土地私有制的產生，不少擁有大量土地的卿大夫掌握了強大的政治、軍事權力，在經濟上損公肥私，在政治上干預君位繼承，甚至篡奪君權。其中最具有代表性的事件是"韓、趙、魏三家分晉"和"田氏代齊"。

從"三家分晉"直到秦統一六國的這一歷史時期為戰國時期，秦、楚、齊、燕、韓、趙、魏七個大國，史稱"戰國七雄"，相互爭土奪民，長年混戰。

戰國時期，各國經過改革逐漸強大起來，相互征伐不斷，各國諸侯畏懼西方秦國的強大，迅速形成了關東各國與秦的對抗形勢，抗拒秦國的各國組成了軍事聯盟，稱為"合縱"。而秦為了破壞這項運動，向東發展，不斷用軍事、政治手段爭取東方盟國，稱為"連橫"。

從事"合縱"運動的主要人物是蘇秦、公孫衍，"連橫"運動的領導者是張儀。"合縱"的形成，曾使"秦兵不敢窺函谷關十五年"，可是後來各國相互猜疑，矛盾重重，蘇秦最後死於齊國，"合縱"瓦解。而張儀遊走於各國之間，破壞他們的聯盟。經過"連橫"破楚、"遠交近攻"拉攏齊國、大破韓魏之後，秦國勢力大大增強。自公元前 278 年開始，秦國對其餘六國展開了凌厲的進攻，秦趙長平之戰後，奠定了秦滅六國的基礎。在秦王嬴政即位之後，相繼滅掉六國，形成了大一統的局面，自此中國由諸侯割據的封建國家轉變為多民族一統的中央集權國家。

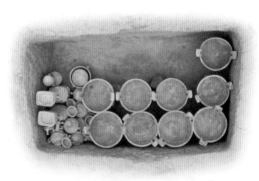

{鄭國舉行大典的祭祀坑}

周禮規定，鼎是最重要的禮器，只有周天子才能用九鼎，諸侯只能用七鼎，以下依次遞減。春秋初期，鄭莊公公開與周天子對抗，藐視周禮，僭用九鼎。開啓了"禮崩樂坏"的時代

{侯馬盟書}

這是春秋時期晉國世卿趙鞅同晉國其他卿大夫舉行盟誓的文書，每個參與者都發誓效忠盟主而非國君，並承諾遵守盟約各項約定，互相制衡。這是卿大夫崛起的標誌

BC 2100
BC 1900
BC 1700
BC 1500
BC 1300
BC 1100
BC 900
BC 700
BC 500
BC 300
BC2070—BC221
BC 100
0
100
300
500
700
900
1100
1300
1500
1700
1900

{ 春秋時期形勢圖 }

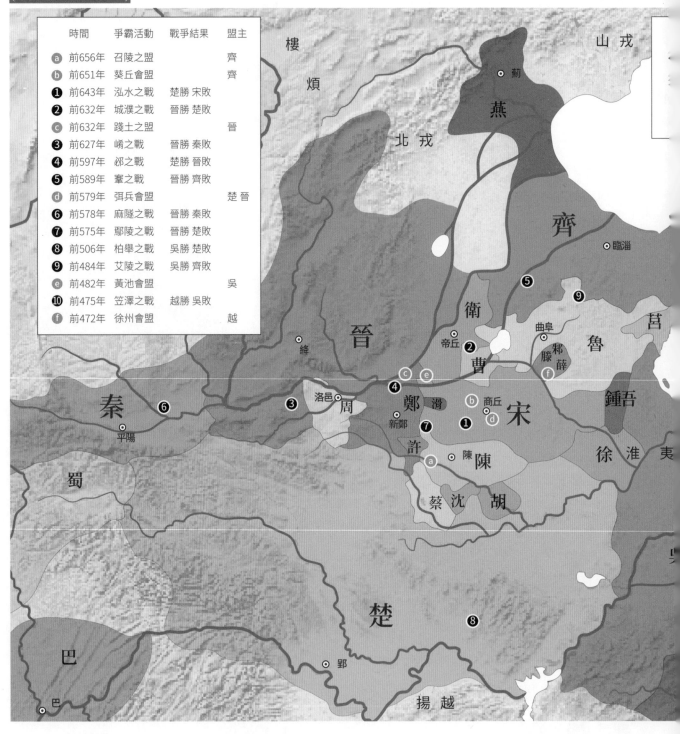

	時間	爭霸活動	戰爭結果	盟主
ⓐ	前656年	召陵之盟		齊
ⓑ	前651年	葵丘會盟		齊
❶	前643年	泓水之戰	楚勝 宋敗	
❷	前632年	城濮之戰	晉勝 楚敗	
ⓒ	前632年	踐土之盟		晉
❸	前627年	崤之戰	晉勝 秦敗	
❹	前597年	邲之戰	楚勝 晉敗	
❺	前589年	鞌之戰	晉勝 齊敗	
ⓓ	前579年	弭兵會盟		楚 晉
❻	前578年	麻隧之戰	晉勝 秦敗	
❼	前575年	鄢陵之戰	晉勝 楚敗	
❽	前506年	柏舉之戰	吳勝 楚敗	
❾	前484年	艾陵之戰	吳勝 齊敗	
ⓔ	前482年	黃池會盟		吳
❿	前475年	笠澤之戰	越勝 吳敗	
ⓕ	前472年	徐州會盟		越

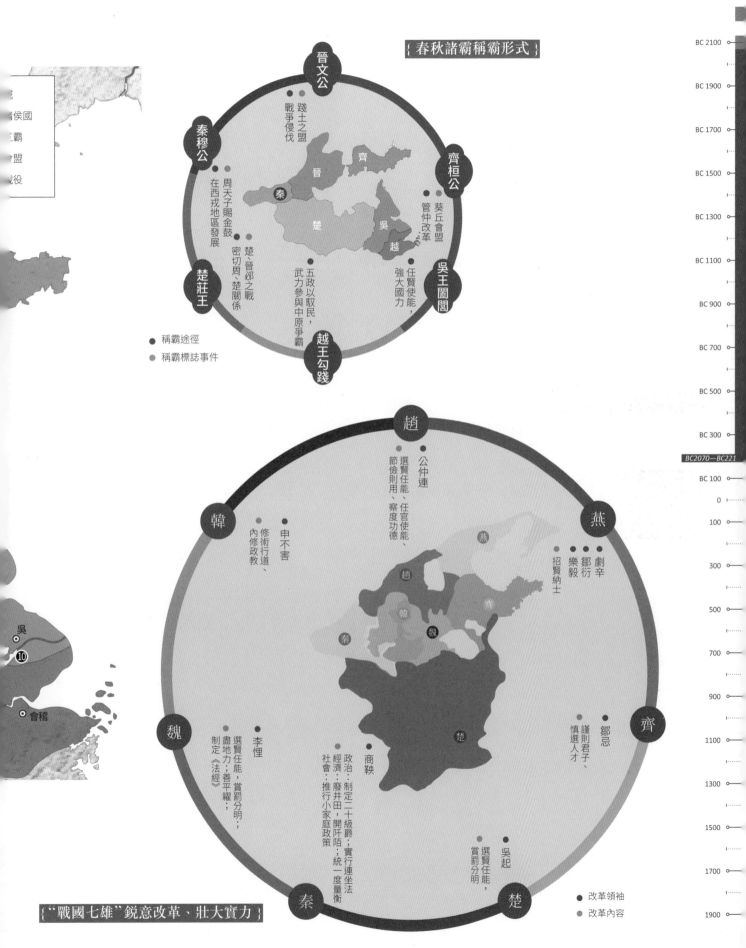

{ 春秋諸霸稱霸形式 }

晉文公
· 踐土之盟
· 戰爭侵伐

秦穆公
· 周天子賜金鼓
· 在西戎地區發展

楚莊王
· 楚、晉鄰之戰
· 密切周、楚關係
· 五政以馭民，武力參與中原爭霸

齊桓公
· 葵丘會盟
· 管仲改革
· 任賢使能，強大國力

吳王闔閭

越王勾踐

● 稱霸途徑
● 稱霸標誌事件

{ "戰國七雄"銳意改革、壯大實力 }

趙
· 公仲連
· 選賢任能、任官使能、節儉則用、察度功德

韓
· 申不害
· 修術行道、內修政教

魏
· 李悝
· 選賢任能，賞罰分明；盡地力，善平糴；制定《法經》

秦
· 商鞅
政治：制定二十級爵；實行連坐法
經濟：廢井田，開阡陌，統一度量衡
社會：推行小家庭政策

楚
· 吳起
· 選賢任能，賞罰分明

齊
· 鄒忌
· 謹則君子，慎選人才

燕
· 劇辛
· 鄒衍
· 樂毅
· 招賢納士

● 改革領袖
● 改革內容

BC 2100
BC 1900
BC 1700
BC 1500
BC 1300
BC 1100
BC 900
BC 700
BC 500
BC 300
BC2070—BC221
BC 100
0
100
300
500
700
900
1100
1300
1500
1700
1900

吳
⑩
會稽

{戰國時期形勢圖}

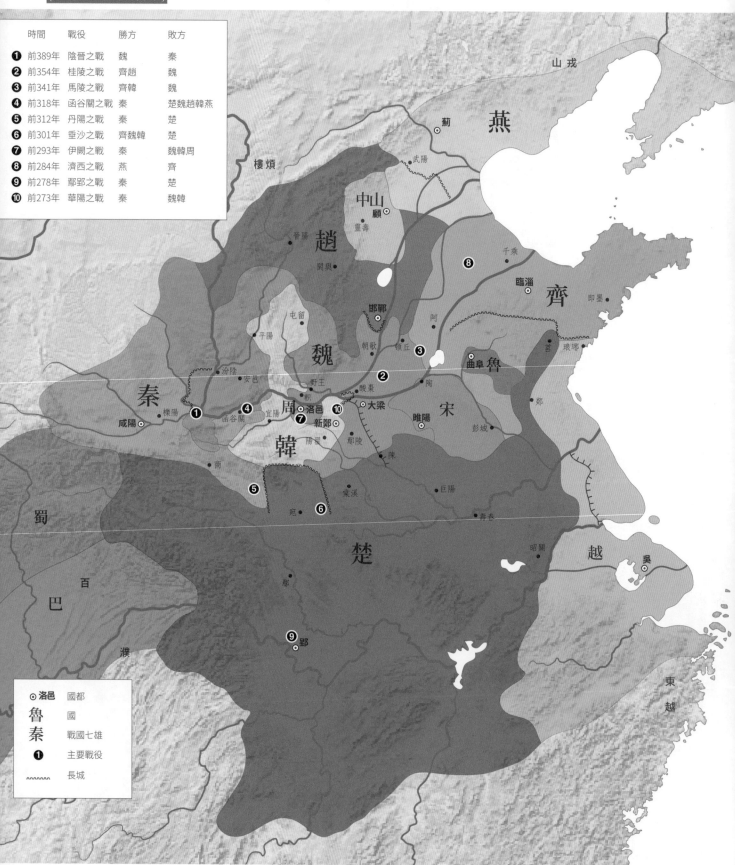

時間	戰役	勝方	敗方
❶ 前389年	陰晉之戰	魏	秦
❷ 前354年	桂陵之戰	齊趙	魏
❸ 前341年	馬陵之戰	齊韓	魏
❹ 前318年	函谷關之戰	秦	楚魏趙韓燕
❺ 前312年	丹陽之戰	秦	楚
❻ 前301年	垂沙之戰	齊魏韓	楚
❼ 前293年	伊闕之戰	秦	魏韓周
❽ 前284年	濟西之戰	燕	齊
❾ 前278年	鄢郢之戰	秦	楚
❿ 前273年	華陽之戰	秦	魏韓

⊙洛邑　國都

魯　國
秦　戰國七雄
❶　主要戰役
〰〰〰　長城

{ 秦滅六國示意圖 }

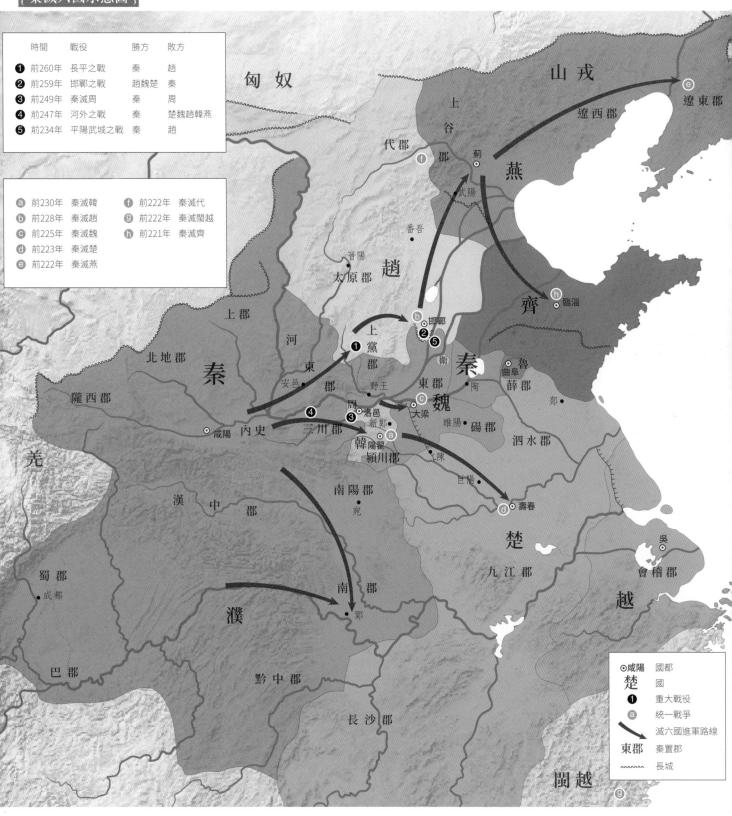

時間	戰役	勝方	敗方
❶ 前260年	長平之戰	秦	趙
❷ 前259年	邯鄲之戰	趙魏楚	秦
❸ 前249年	秦滅周	秦	周
❹ 前247年	河外之戰	秦	楚魏趙韓燕
❺ 前234年	平陽武城之戰	秦	趙

ⓐ 前230年 秦滅韓	ⓕ 前222年 秦滅代
ⓑ 前228年 秦滅趙	ⓖ 前222年 秦滅閩越
ⓒ 前225年 秦滅魏	ⓗ 前221年 秦滅齊
ⓓ 前223年 秦滅楚	
ⓔ 前222年 秦滅燕	

匈奴

山戎

上谷郡

代郡

燕

遼西郡

遼東郡ⓔ

薊

武陽

番吾

趙

晉陽

太原郡

齊

臨淄ⓗ

ⓕ

上郡

河東郡

邯鄲ⓑ
❷❺

北地郡

秦

安邑

上黨郡❶

野王

衛

魯

薛郡

陶

曲阜

東郡

隴西郡

咸陽⦿

內史

三川郡

❹

周
洛邑ⓒ
新鄭❸

韓陽翟
潁川郡

ⓐ

大梁

魏

睢陽

碭郡

陳

泗水郡

巨陽

羌

漢中郡

南陽郡

宛

壽春ⓓ

楚

九江郡

蜀郡

成都

南郡

郢

吳

會稽郡

巴郡

黔中郡

越

長沙郡

閩越

ⓖ

⦿咸陽	國都
楚	國
❶	重大戰役
ⓐ	統一戰爭
➤	滅六國進軍路線
東郡	秦置郡
〜〜〜	長城

三代國家的統治智慧

◎ 原始信仰與神權國家　　◎ 血緣親族　　◎ 封建國家

　　中華文明近 5000 年，而夏商周三代佔去三分之一長，古代中國朝代更迭頻繁，唯獨這一時期的王朝延祚最久，這與三代國家的統治方式不無關係。仰仗神明帶來的政治 "合法性"，依靠血緣宗族及姻親關係創造的穩固聯盟，構成了金字塔式的牢固的貴族社會。

原始信仰與神權國家

　　原始社會初期，人類生活幾乎全部需要仰仗大自然的恩賜，同樣，人們所面臨的最大威脅也來自大自然，於是產生了 "萬物有靈" 觀念，並成為原始宗教的一種思想基礎，而圖騰崇拜是最古老的宗教形式之一。例如，三星堆遺址以鳥形器為代表的動物符號與紋飾，構成了一個把自然界與人間召喚在一起的神秘系統，形成了以鳥圖騰為特徵的巴蜀族徽，並在各器物中廣泛應用。

　　商代是中國目前有古文字可證的最早的王朝，這主要是通過中國最古老的成熟文字——甲骨文來實現的。在殷商政權中，神權始終是最重要的支柱。早期神權國家的統治者都非常迷信，凡遇祭祀、征伐、田獵、疾病、農業的豐歉等大事，都要用占卜的方法詢問鬼神。每次占卜，要將所問事項、占卜日期、吉凶結果等刻在龜甲或牛肩胛骨上，成為一篇或長或短的記事文章。甲骨的占卜過程是非常神秘而有特點的，一條完整的甲骨卜辭應該包括四個部分：一、序辭：敍述占卜的日期和占卜的人物；二、命辭：記錄所卜問的具體事情；三、占辭：記錄視兆的人判斷吉凶的話；四、驗辭：應驗的話。在殷墟發現的甲骨卜辭約有 10 多萬片，所記甲骨文單字總數約有 4500 字，現在已經被學者釋讀的有 1700 多字。

　　甲骨文文字有不同類型，以象形字最多，次為會意、指事、形聲、假借、轉註。

　　董作賓先生主張甲骨文可以用書法分成五個不同的時代：第一期：武丁及其以前的盤庚、小辛、小乙；第二期：祖庚、祖甲；第三期：廩辛、康丁；第四期：武乙、文丁；第五期：帝乙、帝辛，每期文字各有特色。其中，"天干地支" 中的二十二字是甲骨文中最常見的。

{ 三星堆巫師立像 }

立像 1.7 米高，象徵着蜀王或
主持祭祀活動的巫師首領

{ 填朱牛骨刻辭 }

此牛骨正背面共計 160 字，是用紅色
顏料直接寫在牛骨上的，記載了商王
祭祀武丁以及乘車狩獵等事，是非常
珍貴的歷史檔案

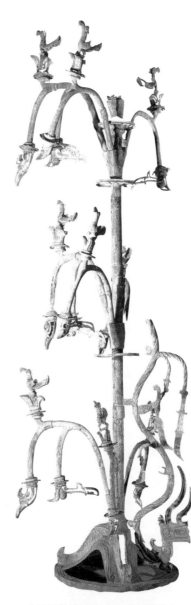

{ 三星堆遺址出土的青銅神樹 }

神樹上裝飾諸多鳥形。用於祭祀活動，
是溝通天地、人與神之間的中介

{ 獸面紋卣的局部圖案 }

在商周時期，將獸面紋裝飾在青銅器上，為的是表現出王權與神權的威嚴

BC 2100

BC 1900

BC 1700

BC 1500

BC 1300

BC 1100

BC 900

BC 700

BC 500

BC 300

BC2070—BC221

BC 100

0

100

300

500

700

900

1100

1300

1500

1700

1900

{完整的甲骨文卜辭構成與實例}

序辭

（內容）
敍述占卜的日期和占卜的人物

（釋文及釋文含義）
"甲申卜，殼貞"：
貞人殼在甲申這一天替商王卜問

命辭

記錄所卜問的具體事情

"婦好娩，嘉？"：
即將分娩的（商王武丁的）妻子婦好，是不是吉利？

占辭

記錄兆文所示的占卜結果

王佔曰："其惟丁娩？嘉；其惟庚娩？引吉。"
商王看了卜兆之後說："若是在丁日分娩，那就是吉利；若是在庚日分娩，則會非常吉利。"

驗辭

記事後應驗的情況

三自又一日甲寅娩，不嘉，惟女：
婦好在卜問的一個月後分娩，結果"不嘉"，原因是生了個女兒。

* 甲骨文在商末周初使用近三百年，是中國已發現的時代最早、體系較為完整的古文字。字體結構已基本定型，尚未完全定型；已形成體系，尚不完備；已趨成熟，尚未完全成熟。漢代，人們開始總結造字規律，這就是所謂的"六書"，即指事、象形、會意、形聲、轉註、假借。一般認為指事、象形、會意、形聲是造字方法，而轉註和假借則是用字方法。甲骨文基本上已經具備了這幾種造字方法

會意

竝	監	浴	盟	依	歠
鄉	毓	耤	蓐	解	雩
典	躲	鬥	執	刖	剝

象形

人	女	首	目	自	齒
鼎	鬲	甗	壺	酉	爵
車	舟	弓	矢	戈	戊
日	月	雲	雨	水	火

形聲

雇	汝	雉	酒	學	姓
河	洹	唐	省	啓	

指事

上	下	刃	本	末

BC 2100

BC 1900

BC 1700

BC 1500

BC 1300

BC 1100

BC 900

BC 700

BC 500

BC 300

BC2070—BC221

BC 100

0

100

300

500

700

900

1100

1300

1500

1700

1900

033

血緣親族

　　在中國古代國家中，氏族系統一直保存在政治架構中，血緣親族關係在很長一段時間內是政治力量的主要紐帶。這具體體現在確立於夏朝、發展於商朝、完備於周朝、影響於後世的宗法制度上。

　　宗法制是中國古代社會中具有典型意義的政治制度，它源自氏族社會中的父系家長制，承襲了父系家長制的威權，是統治者按血緣關係分配國家權力，建立起世襲統治的一種制度。

　　另外，世官制度也是這種血緣親族政治的典型代表。所謂世官制，又名世卿世祿制，它與宗法制結合在一起，以宗子承襲固定的職位，形成了周代"周天子 — 諸侯 — 卿大夫 — 士 — 平民 — 奴隸"的等級序列。

封建國家

　　封建，就是封邦建國，周王把爵位、土地、族羣等分賜親戚或功臣，使之在各自區域內建立邦國，即"封建親戚，以藩屏周"。受封者在封地營建宮室、安置族眾，並劃定疆界、植樹為誌，建築城堡，駐軍守土，這種統治據點就是封國，其中既包括新營建分封的諸國，也包括舊國。

　　分封一方面加強了周王室對國土的控制力量，從而建立起一個幅員空前遼闊的王朝，體現了周代王權統治的進一步發展。另一方面，對於發展各地區的政治、經濟和文化，特別是邊遠地區的開發，起到了積極作用。

　　但是，隨着時間的推移和封國勢力的發展，王權遭到削弱，封國形成了尾大不掉之勢。到了春秋時期，終於演變成了諸侯割據、列國紛爭的錯綜複雜的政治局面。

{ 基於宗法制的周代政治結構 }

天子　天子　天子
諸侯　諸侯
卿大夫　卿大夫
士
諸侯　諸侯　諸侯
卿大夫　卿大夫
士
卿大夫　卿大夫
士

—— 嫡長子繼承
⋯⋯ 別子分封

{ 周代社會等級結構 }

天子
諸侯
卿大夫
士
平民
奴隸

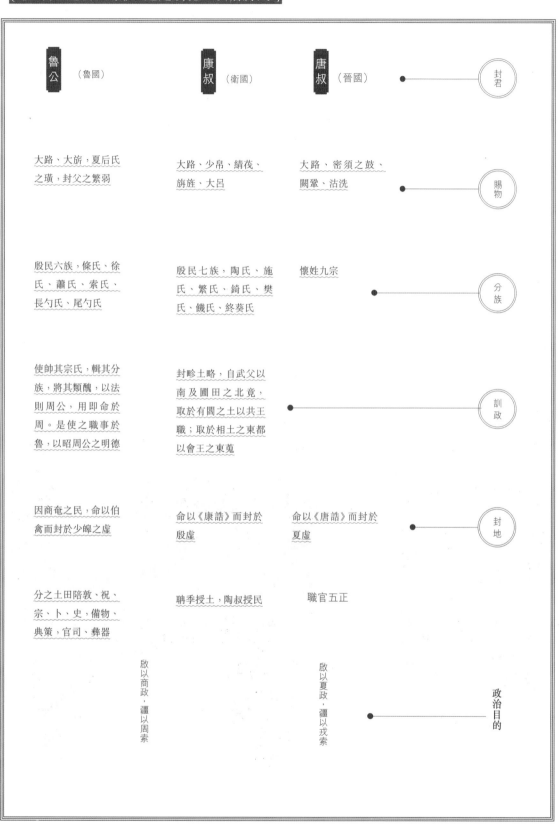

魯公 （魯國）	康叔 （衛國）	唐叔 （晉國）	
			封君
大路、大旂，夏后氏之璜，封父之繁弱	大路、少帛、綪茷、旃旌、大呂	大路、密須之鼓、闕鞏、沽洗	賜物
殷民六族，條氏、徐氏、蕭氏、索氏、長勺氏、尾勺氏	殷民七族，陶氏、施氏、繁氏、錡氏、樊氏、饑氏、終葵氏	懷姓九宗	分族
使帥其宗氏，輯其分族，將其類醜，以法則周公，用即命於周。是使之職事於魯，以昭周公之明德	封畛土略，自武父以南及圃田之北竟，取於有閻之土以共王職；取於相土之東都以會王之東蒐		訓政
因商奄之民，命以伯禽而封於少皞之虛	命以《康誥》而封於殷虛	命以《唐誥》而封於夏虛	封地
分之土田陪敦、祝、宗、卜、史、備物、典策，官司、彝器	聘季授土，陶叔授民	職官五正	
啟以商政，疆以周索		啟以夏政，疆以戎索	政治目的

BC 2100

BC 1900

BC 1700

BC 1500

BC 1300

BC 1100

BC 900

BC 700

BC 500

BC 300

BC2070—BC221

BC 100

0

100

300

500

700

900

1100

1300

1500

1700

1900

肆 謙謙君子的凝重典雅

◎ 青銅 "科技"　　◎ 青銅器的價值與象徵意義　　◎ 先秦時期的禮制

◎ 先秦時期的 "詩樂"

青銅 "科技"

青銅是在純銅（紅銅）中加入錫或鉛的合金，是金屬冶鑄史上最早的合金。古時青銅是黃色偏紅的，因常年埋在土裏後氧化，顏色變為青灰，故稱為青銅。青銅的出現，是社會生產力進步的重要標誌，具有深遠的歷史意義。中國青銅器的發展大致可分為三大

{ 先秦青銅器的發展演變 }

 特色 紋飾

● 紋飾簡單、不發達

● 莊嚴神秘，主體紋飾以饕餮紋居多，還有夔龍紋、鳳鳥紋、獸面紋、人面紋和蟬紋等動物紋飾；蕉葉等植物紋飾；雲雷紋、渦紋等幾何紋飾

代表 典型

{ 嵌綠松石的獸面紋飾牌 }

{ 后母戊鼎 }

鼎身雷紋為地，四周浮雕盤龍及饕餮紋

二里頭文化

商代

 特點 發展

● 種類不多，多為禮器，器形較小，質地單薄

數量多，禮器發展尤為突出，生產工具種類多

階段，即萌芽期、鼎盛期和轉變期。萌芽期是指龍山文化時期，距今 4500～4000 年；鼎盛期即中國青銅器時代，包括夏、商、西周、春秋及戰國早期，延續時間約 1600 餘年；轉變期指戰國末期至秦漢時期，青銅器逐步被鐵器取代。

商代青銅鑄造業不但產量大，工藝水平也很高。僅在殷墟一地出土的青銅器就有數千件之多，並且用途分工明確，主要可分為炊器、食器、酒器、水器、樂器等。

鑄銅工業的原料主要是銅和錫。當時以安陽殷墟遺址為中心的銅錫產地包括了今河南、山東、河北、山西、安徽、江西、湖北、湖南等廣大地區，說明商人已經有一定的交通運輸能力。另外，銅、錫由礦砂冶煉成純銅或純錫需要若干程序和相當的技術，都說明了商代的"青銅科技"已有相當的成就。

青銅器是古代科技和藝術發展的集中反映。商周青銅器以品類豐富、造型優美、紋飾華麗、製作精巧、風格獨特而著稱，體現了時代的審美水平及鑒賞視角。

BC 2100
BC 1900
BC 1700
BC 1500
BC 1300
BC 1100
BC 900
BC 700
BC 500
BC 300
BC2070—BC221
BC 100
0
100
300
500
700
900
1100
1300
1500
1700
1900

● 典雅含蓄，增加了波紋、竊曲紋、斜角雷紋、重環紋等造型優美流暢的幾何紋飾

● 紋飾豐富多彩，青銅器更加自由活潑，美觀精巧；寫實繪畫性圖案開始增多，內容豐富，構思巧妙，具有強烈的繪畫性

{杜伯盨}
器頸與蓋沿各飾竊曲紋帶，蓋面與器腹均飾瓦棱紋

{蓮鶴方壺}
器上中立一昂首展翅欲飛之鶴，通體滿飾螭龍紋，器耳、足、扉棱都設計為生動的怪獸

{陳璋圓壺}
採用鏤空工藝，紋飾華麗

 西周
禮制化加強。鑄造青銅器多為王室的祭禮、契約服務，建立等級制

 春秋
青銅工藝有所進步，突出表現在金銀錯工藝上

戰國
鏤刻畫像、鑲嵌工藝發展

037

{后母戊鼎}

此鼎重 875 千克，形體龐大。若使用"將軍盔"
熔銅，至少需要 70 個同時熔煉。投入人力至少
300 人以上，可見當時的生產規模

{紅陶煉銅坩堝及使用法示意圖}

煉爐有"將軍盔"之稱，使用時，將熔化的銅
水倒入爐中，使之固定及加熱，燒煉銅器

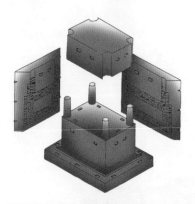

{后母戊鼎的鑄型及裝配方法}

此鼎採用分鑄法，先用陶範鑄造各個部分，
然後裝配而成

{以自鎖法鑄造的伯簋}

{以鑄焊鉚法製成的伯矩甗}

青銅器的價值與象徵意義

從古代文獻中可知，青銅器有三種基本功能，用途複雜多樣：一是工具，用以生產或製作武器；二是容器，用以盛裝物件；三是禮樂器，用作陳設佈列。

在中國古代，青銅器除了被運用於生產生活中外，還被賦予了更深層次的意義，大體來說有兩個方面：一是"納（內）、入"，即盛裝物件，納物見情，以祭祀祖先。《禮記·禮器》說："內金，示和也"，"金次之，見情也"。即將犧牲（肉食）、黍稷（主食）以及酒醴之類的祖先生前生活必需品裝入鼎、簋、尊、彝等各類器物中，用來祭祀祖先。二是"炤物"或"象物"示和，《左傳·宣公三年》說："鑄鼎象物，百物而為之備，使民知神、奸……用能協於上下，以承天休。"也就是說在銅器外表刻畫"物"的圖像，這裏的"物"一般是人們崇拜的神靈或視之為祖先由來的神物。

{商代青銅鴟形觶}
這件觶被鑄造成鴟形，充滿了神秘感

{商代人面紋方鼎}
此鼎以人面為主要紋飾，四外壁浮雕五官俱全、部位準確的人面，給人以威嚴沉重之感

{青銅器常見紋飾舉例}

虎紋
虎嘯能生巨風，可以幫助巫師溝通天地，所以將虎紋刻鑄在器物上

饕餮紋
"饕餮"是虛構的古代動物，以貪吃著稱

夔龍紋
"夔龍"是有一足的龍形獸，古人認為牠"出入水則必風雨"

雲紋／雷紋
古人面對大自然力量產生恐懼，因此將這種紋樣刻在器物上

039

BC 2100
BC 1900
BC 1700
BC 1500
BC 1300
BC 1100
BC 900
BC 700
BC 500
BC 300
BC2070—BC221
BC 100
0
100
300
500
700
900
1100
1300
1500
1700
1900

先秦時期的禮制

　　"禮"是先秦國家一切制度的依據，據禮以設制度，"天下國家可得而正也"。禮的內容極為廣泛，包括國家的一切典章制度，大凡關於政治、經濟、軍事、行政、法律、社會、宗教、教育、倫理、習俗等，成文的或不成文的國家典章、行為規範，以及吉、凶、軍、賓、嘉五類禮儀制度，周人都名之日"禮"。周禮使君臣有位，尊卑有等，貴賤有別，長幼有序，形成了嚴格的法律化與制度化的等級。禮、樂、刑、政相互聯繫、相互制約的國家上層建築整體，其運行與制約關係的變化，無不牽動着整個國家機器的運轉，關係着國家的治亂興亡。

　　青銅禮器的體制是青銅文化的核心內涵，西周是青銅禮器制度的成熟期，這時的青銅禮器大體延續了商晚期青銅禮器的品類，但有所增減。據文獻記載，西周的青銅禮器以鼎、簋的數量組合為典型代表，各級別差異已有定制。在宴饗和祭祀時，鼎、簋分別以奇數和偶數組合搭配使用：天子九鼎八簋、諸侯七鼎六簋、大夫五鼎四簋、元士三鼎二簋，依次遞減。

{鼎}

{簋}

{匜}

{盂}

{鐘}

{鐮}

{鏟}

{鐯}

{鐃}

工具

{馬飾}

禮樂器

（馬轡頭繩帶間的連接件）

{刀}

容器

{鉞}

{爵}

{簠}

{戈}

{甑}

{鬲}

{敦}

{罍}

BC 2100
BC 1900
BC 1700
BC 1500
BC 1300
BC 1100
BC 900
BC 700
BC 500
BC 300

BC2070—BC221

BC 100
0
100
300
500
700
900
1100
1300
1500
1700
1900

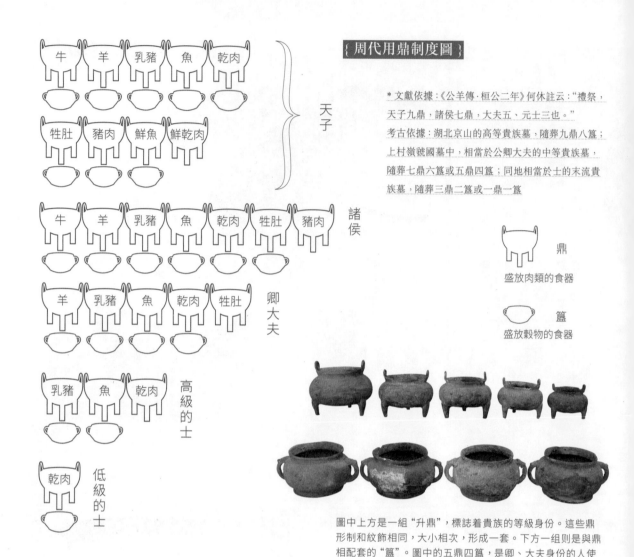

{ 周代用鼎制度圖 }

* 文獻依據：《公羊傳‧桓公二年》何休註云："禮祭，天子九鼎，諸侯七鼎，大夫五、元士三也。"
考古依據：湖北京山的高等貴族墓，隨葬九鼎八簋；上村嶺虢國墓中，相當於公卿大夫的中等貴族墓，隨葬七鼎六簋或五鼎四簋；同地相當於士的末流貴族墓，隨葬三鼎二簋或一鼎一簋

鼎
盛放肉類的食器

簋
盛放穀物的食器

圖中上方是一組"升鼎"，標誌着貴族的等級身份。這些鼎形制和紋飾相同，大小相次，形成一套。下方一組則是與鼎相配套的"簋"。圖中的五鼎四簋，是卿、大夫身份的人使用的

先秦時期的"詩樂"

商朝時，樂作為祭祀的重要組成部分，出現在歷史的舞台上。到了周王朝，周公為了鞏固統治，集前朝之大成，以禮鞏固階級分化，樂則被昇華成了一種待遇。

"詩樂"是先秦時期禮樂制度的重要組成部分。禮樂制是維護封建制度的文化工具，周朝通過禮樂制度來規範貴族的身份地位，要求貴族在衣、食、住、行等方面都要符合自己的身份，貴賤長幼之間要有明顯的差別。

中國自古為禮樂之邦，"詩樂"不僅用於宮廷禮樂制度，也用於學校教育。樂官一般會根據季節的特點分門別類地以詩、樂、舞作為教育內容，並用科學的教育方法培養和選拔人才，這對華夏文明的傳承作出了突出的貢獻。

青銅樂器是夏商周三代音樂文化中最具代表性、最重要的歷史遺存。在洛陽地區發現的青銅樂器如銅鈴、鉦、鐃、鎛、鐘等，幾乎包括了青銅樂器所有的種類，構成了一個基本完整的青銅樂器系統。

{ 虢國君主使用的編鐘 }

這套編鐘共八件，是禮法規定的等級最高的禮樂器

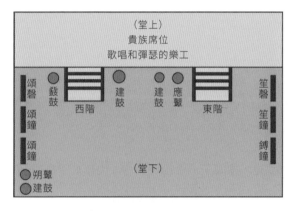

{ 西周諸侯禮樂軒懸示意圖 }

{ 商代回紋銅鏡 }

{ 貴族使用禮樂的規定 }

身份	使用樂器	樂舞的規模
天子	宮懸：懸掛的樂器四面排列	"八佾" 64 人
諸侯	軒懸：懸掛的樂器四面排列	"六佾" 48 人
卿、大夫	判懸：懸掛的樂器四面排列	"四佾" 32 人
士	特懸：懸掛的樂器四面排列	"二佾" 16 人

{ 宗法制、分封制與禮樂制度的關係 }

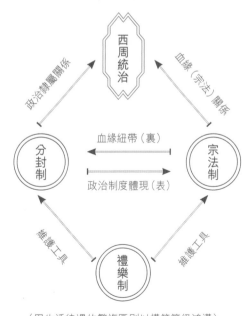

（用生活待遇的繁複區別以構築等級鴻溝）

BC 2100
BC 1900
BC 1700
BC 1500
BC 1300
BC 1100
BC 900
BC 700
BC 500
BC 300
BC2070—BC221
BC 100
0
100
300
500
700
900
1100
1300
1500
1700
1900

伍 遠古時代的哲聖先賢

◎ 文字的形成與最早的藝術　◎ 孔子與私學　◎ 百家爭鳴

先秦時期思想文化和藝術的發展成就也是十分令人矚目的。春秋時期，王室衰微、王綱解紐，社會思想也相應發生了劇烈變動，繼王官之學後，諸子思想先後興起，形成了中華文明長河中思想文化發展蔚為壯觀的一幕。

文字的形成與最早的藝術

2003 年，考古工作者在浙江平湖市的莊橋墳遺址發掘了大量器物，其中帶有類似文字的刻畫符號的大約有 200 餘件；1984 年山西襄汾縣的陶寺遺址也出土過帶有刻畫符號的器物。一時間，關於文字的起源和產生眾說紛紜、爭論不休。 但毫無疑問的是，19 世紀末以來發現的甲骨文標誌着商代文字的運用已然純熟。

大約在舊石器時代晚期，生產力水平的提高使人們有精力去進行美術構思與欣賞，原始藝術應運而生。1958 年，考古學家在北京周口店山頂洞人遺址發現了一些裝飾品，這也許是中國最早的工藝品。

到了新石器時代，全國各地遺址中發現了更多的藝術品，例如仰韶文化陶器上的彩色繪畫、龍山文化的玉器等，都具有很高的藝術水平。新石器時代的藝術萌芽已經表現在繪畫、雕塑、音樂、舞蹈等諸多方面，這是人、猿相區別的里程碑，也是人類在邁向原始文明歷史進程中的重要標誌。

{龍山文化刻畫符號陶片}
這組符號共五豎行十一字，可能是一個短句。時代遠遠早於甲骨文

{仰韶文化半坡類型陶器刻畫符號}
這些符號可分為兩類：一類為數字符號；一類為類文字符號。它們的發現，對探索中國文字的起源意義重大

BC 2100
BC 1900
BC 1700
BC 1500
BC 1300
BC 1100
BC 900
BC 700
BC 500
BC 300
BC2070—BC221
BC 100
0
100
300
500
700
900
1100
1300
1500
1700
1900

{ 中國新石器時代藝術的萌芽 }

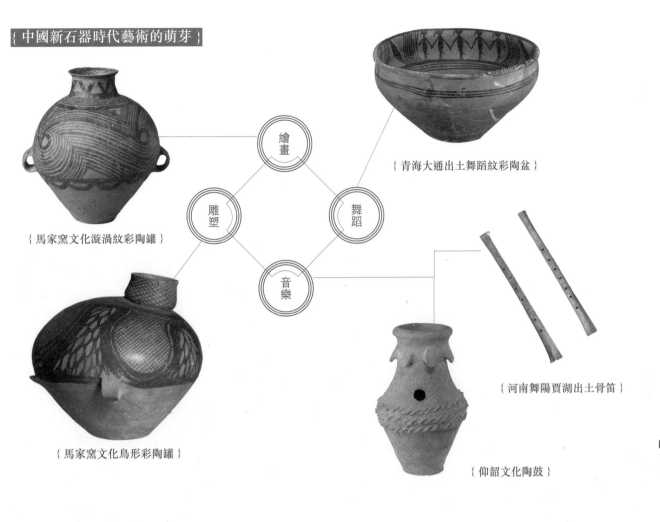

{ 青海大通出土舞蹈紋彩陶盆 }

繪畫

雕塑　舞蹈

音樂

{ 馬家窯文化漩渦紋彩陶罐 }

{ 河南舞陽賈湖出土骨笛 }

{ 馬家窯文化鳥形彩陶罐 }

{ 仰韶文化陶鼓 }

{ 原始社會的裝飾品 }

{ 山頂洞人的穿孔石耳墜 }

{ 紅山文化玉牌飾 }

{ 龍山文化有牙玉璧 }

{ 大汶口文化出土象牙梳 }

{孔子與弟子畫像磚}

{《孔子聖跡圖》(局部)}

孔子與私學

　　孔子（公元前 551—前 479 年），名丘，字仲尼，祖籍宋國栗邑（今河南夏邑縣），生於春秋時期魯國陬邑（今山東省曲阜市），中國偉大的思想家、教育家、政治家，儒家學說的創始人。孔子作為中國傳統文化的代表人物，對中國文化發展影響極大，其思想觀念中的"中庸之道"更是對中國人的思維方式乃至性格取向影響深遠，後世歷代統治者和知識分子對他推崇備至。

　　孔子還是中國古代私人辦學的先驅。他以六科教育學生，六科稱為"六藝"，即禮、樂、射、御、書、數。孔子的教育思想進步，主張"溫故知新"、"不恥下問"、"因材施教"、"有教無類"，從學習態度、學習方法、教育方法等諸多方面闡釋了學習和教育的內涵。他熟悉古代經典，相傳他曾親自刪定"六

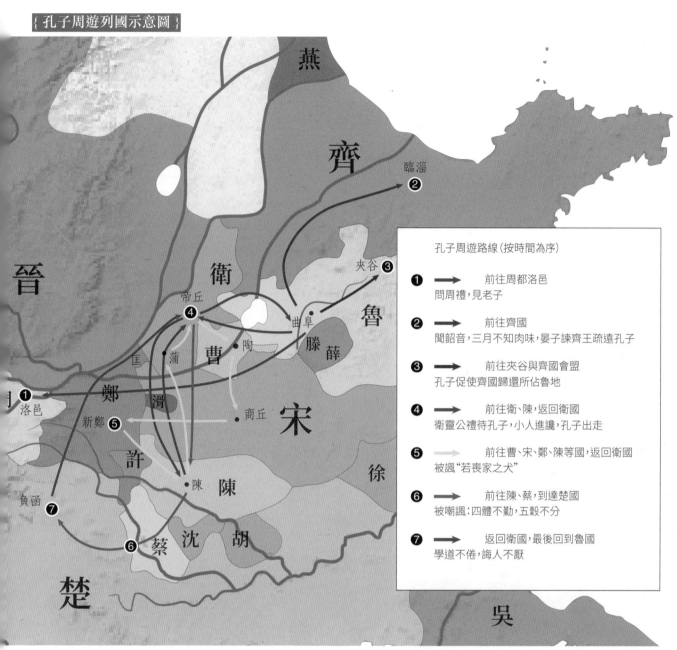

燕

齊　臨淄 ❷

晉

衛　夾谷 ❸
帝丘 ❹
曲阜
魯　滕　薛
蒲　陶
匡　曹
滑
鄭　商丘
洛邑 ❶
新鄭 ❺
許
宋
徐
陳　陳 ❻（位置）
負函 ❼
蔡　沈　胡
楚
吳

孔子周遊路線（按時間為序）

❶ ➡ 前往周都洛邑
問周禮，見老子

❷ ➡ 前往齊國
聞韶音，三月不知肉味，晏子諫齊王疏遠孔子

❸ ➡ 前往夾谷與齊國會盟
孔子促使齊國歸還所佔魯地

❹ ➡ 前往衛、陳，返回衛國
衛靈公禮待孔子，小人進讒，孔子出走

❺ ➡ 前往曹、宋、鄭、陳等國，返回衛國
被諷“若喪家之犬”

❻ ➡ 前往陳、蔡，到達楚國
被嘲諷：四體不勤，五穀不分

❼ ➡ 返回衛國，最後回到魯國
學道不倦，誨人不厭

BC 2100
BC 1900
BC 1700
BC 1500
BC 1300
BC 1100
BC 900
BC 700
BC 500
BC 300
BC2070—BC221
BC 100
0
100
300
500
700
900
1100
1300
1500
1700
1900

經”作為教材，即著名的《詩》《書》《禮》《樂》《易》《春秋》，這成為後代知識分子求知問學的基本功課。

據史籍記載，孔子一生出遊多次，人們通常說的“周遊列國”是指孔子從公元前 497 年到公元前 484 年間的漂泊。他 55 歲棄官離開魯國，到 68 歲離衛返魯，在弟子們的陪伴下，在衛、曹、宋、鄭、陳、蔡、楚等各國之間顛沛流離、飽嚐艱辛。這 14 年是孔子生活波動最大，奔走地方最多，觀察社會最廣泛深刻的時期，也是最後形成其思想體系的時期。孔子的思想在周遊過程中得到昇華，進入“窮達以時”的豁達境界，他認為“芝蘭生於深林，不以無人而不芳，君子修德立道，不為窮困而改節”，真正具有了後世推崇的“聖人”之境界。

百家爭鳴

春秋戰國時期是由封建領主制向封建地主制過渡的時期，新舊階級之間，各階級、階層之間的鬥爭複雜激烈。於是，代表各階級、各階層、各派政治力量的學者或思想家，都企圖按照本階級或本集團的利益和要求，對宇宙、社會中萬事萬物做出解釋或提出主張。在這樣的時代背景下，思想領域出現了一個"百家爭鳴"的局面，有學者甚至評價這是中國歷史上第一次思想解放運動。

參加爭鳴的各派，史稱"諸子百家"。其中主要有儒、道、墨、法、名、兵、陰陽、農等家。

到了西漢時期，司馬遷的父親司馬談最早對先秦學術分門別類，並對諸家優長各有論述（司馬談《論六家要旨》）。

{《春秋事語》帛書 }

這是西漢初年記錄春秋戰國重大事件的帛書，並有評論，應當是春秋戰國流傳的道德教育讀本。說明在史學自成一家之前，已經同私人講學和撰述結合起來

{《周易》帛書 }

《周易》成書於戰國，相傳曾經孔子刪定，是儒家重要經典。此圖是西漢初年的墨書隸體《周易》，其內容與傳世的《周易》都不相同，可稱為別本《周易》

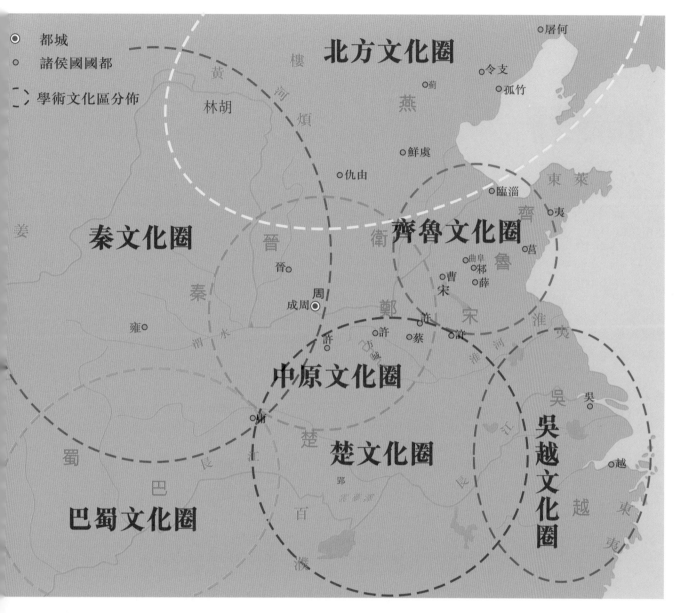

都城
諸侯國國都
學術文化區分佈

北方文化圈

秦文化圈

齊魯文化圈

中原文化圈

楚文化圈

吳越文化圈

巴蜀文化圈

BC 2100
BC 1900
BC 1700
BC 1500
BC 1300
BC 1100
BC 900
BC 700
BC 500
BC 300
BC2070—BC221
BC 100
0
100
300
500
700
900
1100
1300
1500
1700
1900

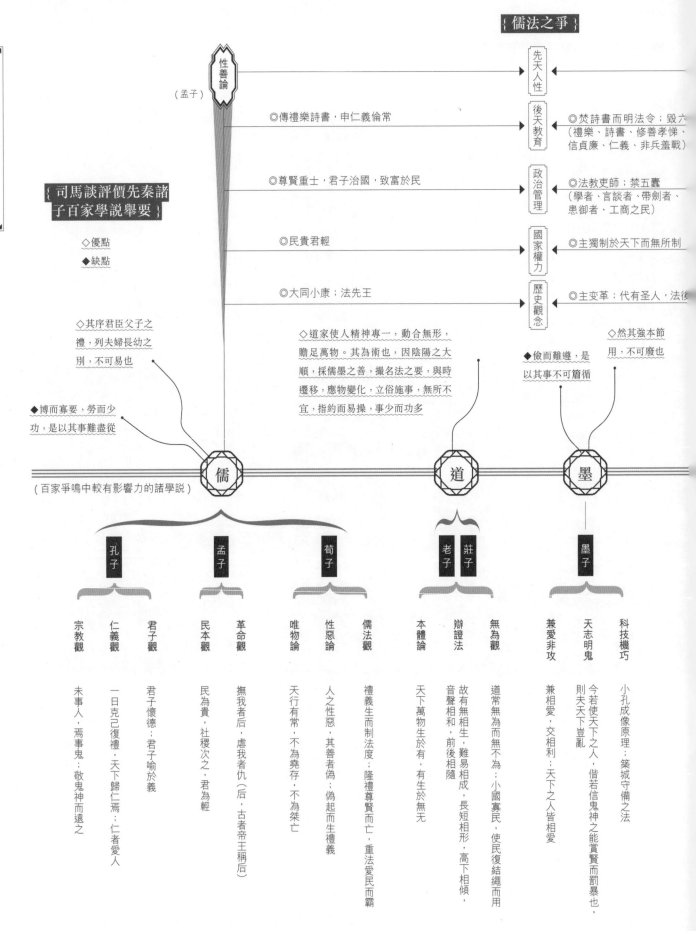

{ 儒法之爭 }

性善論（孟子）

先天人性

後天教育 ← ◎焚詩書而明法令；毀六（禮樂、詩書、修善孝悌、信貞廉、仁義、非兵羞戰）

◎傳禮樂詩書，申仁義倫常 →

政治管理 ← ◎法教吏師；禁五蠹（學者、言談者、帶劍者、患御者、工商之民）

◎尊賢重士，君子治國，致富於民 →

國家權力 ← ◎主獨制於天下而無所制

◎民貴君輕 →

歷史觀念 ← ◎主變革；代有圣人‧法後

◎大同小康；法先王 →

{ 司馬談評價先秦諸子百家學說舉要 }

◇優點
◆缺點

◇其序君臣父子之禮，列夫婦長幼之別，不可易也

◆博而寡要，勞而少功，是以其事難盡從

◇道家使人精神專一，動合無形，贍足萬物。其為術也，因陰陽之大順，採儒墨之善，撮名法之要，與時遷移，應物變化，立俗施事，無所不宜，指約而易操，事少而功多

◆儉而難遵，是以其事不可徧循

◇然其強本節用，不可廢也

（百家爭鳴中較有影響力的諸學說）

儒　道　墨

孔子　孟子　荀子　老子　莊子　墨子

宗教觀　仁義觀　君子觀　民本觀　革命觀　唯物論　性惡論　儒法觀　本體論　辯證法　無為觀　兼愛非攻　天志明鬼　科技機巧

未事人，焉事鬼；敬鬼神而遠之

一日克己復禮，天下歸仁焉；仁者愛人

君子懷德⋯君子喻於義

民為貴，社稷次之，君為輕

撫我者后，虐我者仇（后，古者帝王稱后）

天行有常，不為堯存，不為桀亡

人之性惡，其善者偽；偽起而生禮義

禮義生而制法度；隆禮尊賢而王，重法愛民而霸

天下萬物生於有，有生於無

故有無相生，難易相成，長短相形，高下相傾，音聲相和，前後相隨

道常無為而無不為；小國寡民，使民復結繩而用

兼相愛，交相利；天下之人皆相愛

今若使天下之人，偕若信鬼神之能賞賢而罰暴也，則夫天下豈亂

小孔成像原理；築城守備之法

050

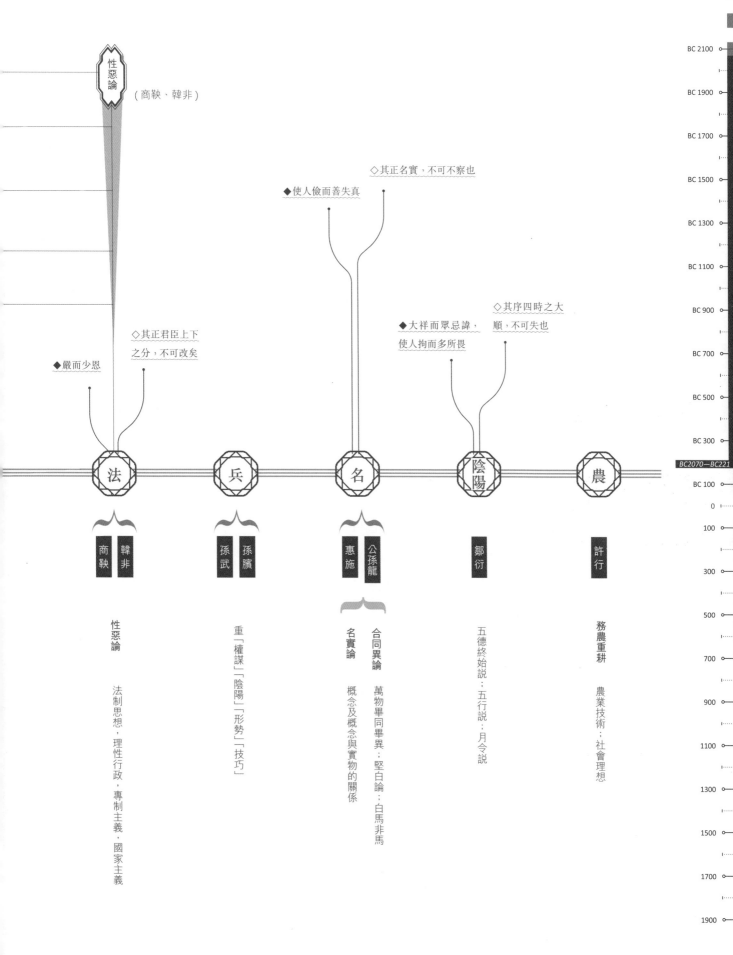

性惡論 （商鞅、韓非）

◇其正名實，不可不察也

◆使人儉而善失真

◇其序四時之大順，不可失也

◆大祥而眾忌諱，使人拘而多所畏

◇其正君臣上下之分，不可改矣

◆嚴而少恩

法　兵　名　陰陽　農

商鞅　韓非　　孫武　孫臏　　惠施　公孫龍　　鄒衍　　許行

性惡論

法制思想，理性行政，專制主義，國家主義

重「權謀」「陰陽」「形勢」「技巧」

名實論　合同異論

萬物畢同畢異；堅白論；白馬非馬

概念及概念與實物的關係

五德終始說；五行說；月令說

務農重耕　農業技術；社會理想

BC 2100
BC 1900
BC 1700
BC 1500
BC 1300
BC 1100
BC 900
BC 700
BC 500
BC 300
BC2070—BC221
BC 100
0
100
300
500
700
900
1100
1300
1500
1700
1900

【參考文獻】

【1】《史記》，（漢）司馬遷撰，中華書局，2013 年。

【2】《戰國策》，（漢）劉向集錄，上海古籍出版社，1985 年。

【3】《說文解字註》，（漢）許慎撰，（清）段玉裁註，上海古籍出版社，1988 年。

【4】《四書章句集註》，（宋）朱熹撰，中華書局，1983 年。

【5】《尚書今古文註疏》，（清）孫星衍撰，中華書局，1986 年。

【6】《墨子閒詁》，（清）孫詒讓註，中華書局，1986 年。

【7】《荀子集解》，（清）王先謙撰，中華書局，1997 年。

【8】《山彪鎮與琉璃閣——考古學專刊乙種第十一號》，郭寶鈞著，科學出版社，1959 年。

【9】《春秋左傳註》（修訂本），楊伯峻編著，中華書局，1981 年。

【10】《中國歷史地圖集》（第一冊），譚其驤主編，中國地圖出版社，1982 年。

【11】《中國歷史圖說》（一）、（二），蘇振申主編，李榮村編撰，世新出版社，1984 年。

【12】《殷墟卜辭綜述》，陳夢家，中華書局，1988 年。

【13】《商周青銅器銘文選》，馬承源主編，文物出版社，1988 年。

【14】《先秦禮制研究》，陳戍國著，湖南教育出版社，1991 年。

【15】《西周史略》，〔日〕白川靜著，袁林譯，三秦出版社，1992 年。

【16】《先秦史研究概要》，朱鳳瀚、徐勇編著，天津教育出版社，1996 年。

【17】《夏商周斷代工程 1996—2000 年階段成果報告》，夏商周斷代工程專家組編著，世界圖書出版公司，2000 年。

【18】《韓非子新校註》，陳奇猷校註，上海古籍出版社，2000 年。

【19】《中國考古學·新石器時代卷》，中國社會科學院考古研究所編著，中國社會科學出版社，2001 年。

【20】《春秋史》，顧德融、朱順龍著，上海人民出版社，2001 年。

【21】《呂氏春秋新校釋》，陳奇猷校釋，上海古籍出版社，2002 年。

【22】《戰國史》，楊寬著，上海人民出版社，2003 年。

【23】《中華遠古史》，王玉哲著，上海人民出版社，2003 年。

【24】《中國考古學·夏商卷》，中國社會科學院考古研究所編著，中國社會科學出版社，2003 年。

【25】《先秦社會形態研究》，晁福林著，北京師範大學出版社，2003 年。

【26】《中國考古學·兩周卷》，中國社會科學院考古研究所編著，中國社會科學出版社，2004 年。

【27】《商周家族形態研究》（增訂本），朱鳳瀚著，天津古籍出版社，2004 年。

【28】《先秦史》，呂思勉著，上海古籍出版社，2005 年。

【29】《中國哲學史》，馮友蘭著，華東師範大學出版社，2005 年。

【30】《古本竹書紀年輯證》，方詩銘、王修齡撰，上海古籍出版社，2005 年。

【31】《春秋左傳研究》，童書業著，中華書局，2006 年。

【32】《先秦諸子繫年》，錢穆著，河北教育出版社，2008 年。

【33】《中國古代青銅器》，馬承源著，上海人民出版社，2008 年。

【34】 《最早的中國》，許宏著，科學出版社，2009 年。

【35】 《中國古代史》，趙毅、趙軼峰主編，高等教育出版社，2010 年。

【36】 《西周史》（增補二版），許倬雲著，三聯書店，2011 年。

【37】 《古都與城市》，張曉虹著，江蘇人民出版社，2011 年。

【38】 《中國文明起源新探》，蘇秉琦著，遼寧人民出版社，2013 年。

【39】 《何以中國 —— 公元前 2000 年的中原圖景》，許宏著，三聯書店，2014 年。

【40】 《中國的歷史 —— 從神話到歷史：神話時代、夏王朝》，[日]宮本一夫著，吳菲譯，廣西師範大學出版社，2014 年。

BC 2100

BC 1900

BC 1700

BC 1500

BC 1300

BC 1100

BC 900

BC 700

BC 500

BC 300

BC2070—BC221

BC 100

0

100

300

500

700

900

1100

1300

1500

1700

1900

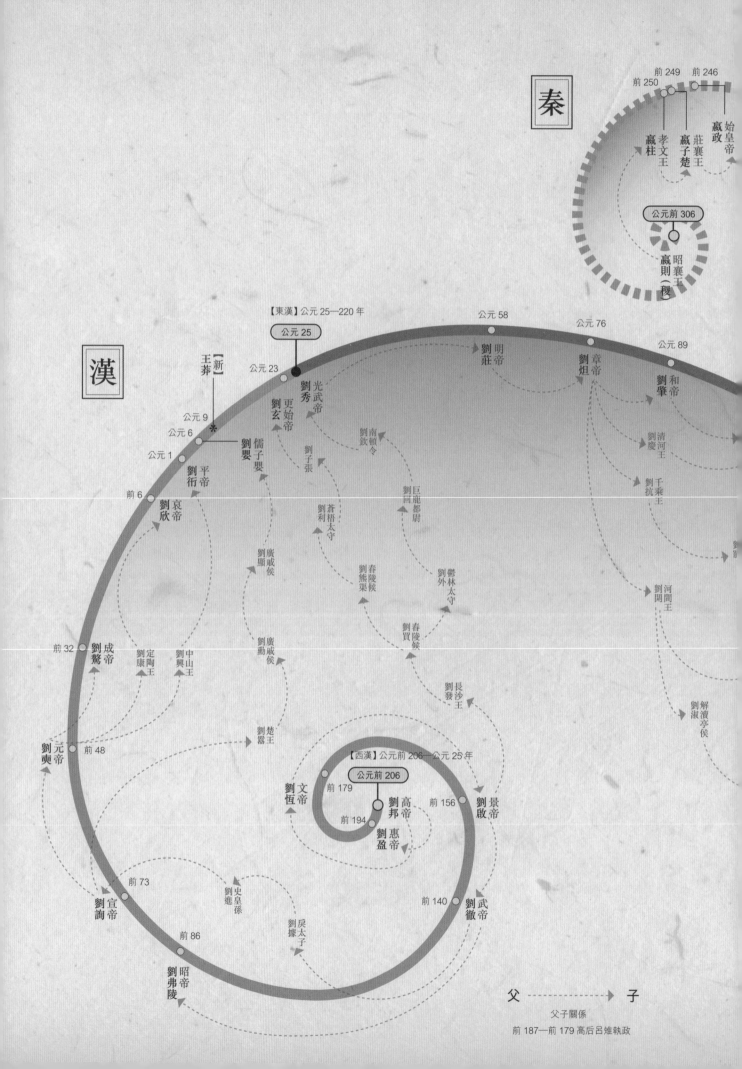

秦

前250 前249 前246

始皇帝
嬴政

莊襄王
嬴子楚

孝文王
嬴柱

公元前306

昭襄王
嬴則（稷）

【東漢】公元25—220年

公元25

漢

【新】
王莽

公元23

公元9

公元6

公元1

前6

劉秀
光武帝

更始帝
劉玄

劉子張

劉嬰
儒子嬰

劉衎
平帝

劉欣
哀帝

劉明
莊帝

公元58

公元76

劉炟
章帝

公元89

劉肇
和帝

劉慶
清河王

劉抗
千乘王

劉開
河間王

劉淑
解瀆亭侯

劉南頓令

劉欽

巨鹿都尉
劉回

蒼梧太守
劉利

鬱林太守
劉外

劉熊渠
舂陵候

劉買
舂陵候

劉發
長沙王

劉顯
廣戚候

前32

劉驁
成帝

劉康
定陶王

劉興
中山王

劉勳
廣戚候

劉囂
楚王

劉奭
元帝

前48

前73

劉詢
宣帝

前86

劉弗陵
昭帝

劉進
史皇孫

劉據
戾太子

【西漢】公元前206—公元25年

公元前206

劉恆
文帝

前179

前194

劉盈
惠帝

劉邦
高帝

前156

劉啟
景帝

前140

劉徹
武帝

父 ----> 子

父子關係
前187—前179 高后呂雉執政

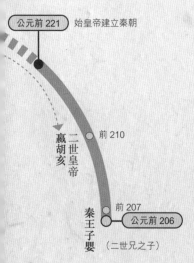

公元前 221　始皇帝建立秦朝

前 210

二世皇帝
嬴胡亥

秦王子嬰
前 207　公元前 206
（二世兄之子）

126

劉順保帝

劉沖炳帝

145
146
147

劉渤海鴻王

劉質纘帝

劉桓志帝

劉解瀆亭侯葭

劉靈宏帝　168

劉獻協帝　190

220

秦始皇開創的華夏民族大一統的國家偉業，到漢武帝時代完成了從地理空間到精神空間的整合與凝聚。正是這個偉大而充滿凝聚力的民族共同體，承載着中華文明古往今來生生不息的奮鬥與開疆拓土的壯舉。海內六合大一統，經濟社會大發展，文化大繁榮，王朝的影響深入四周，中外交往也有了突破性的進展，這些既是秦漢文明大發展的推動力，又鑄就了秦漢文明特有的風采。

秦漢

九州共貫
諸方經略

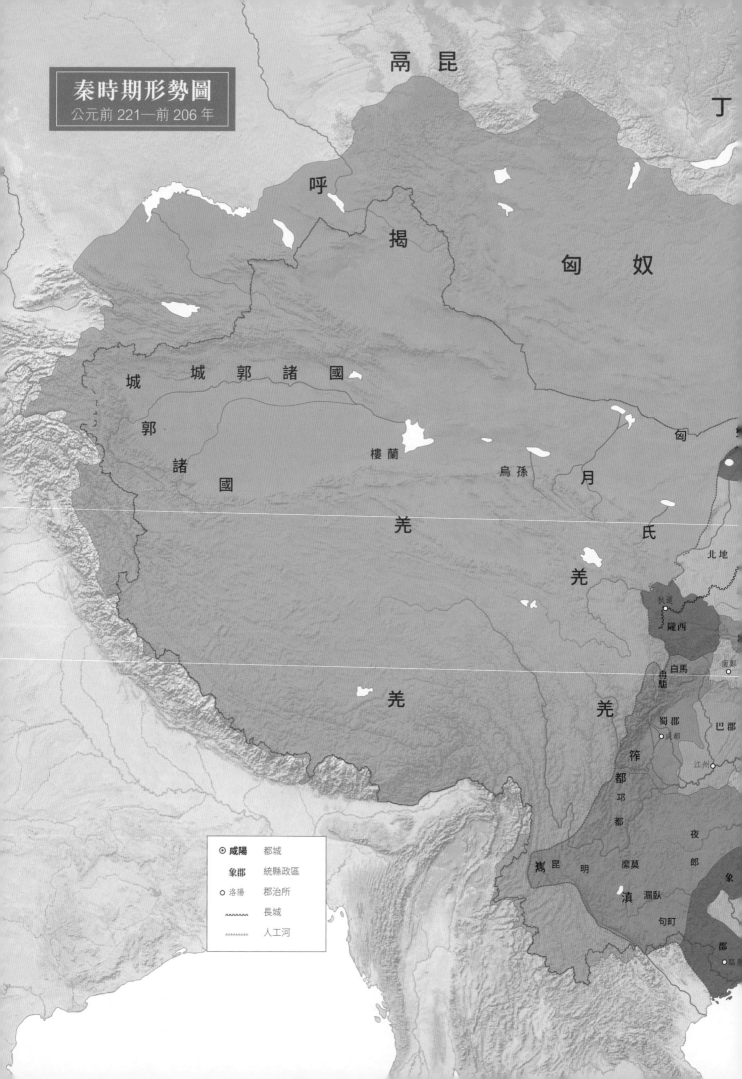

丁

高昆

呼

揭

匈　奴

城　城　郭　諸　國

郭

諸　　　　　樓蘭

國　　　　　　　　　烏孫　　月

羌　　　　　　　　　氏

羌　　　　　　　北地

狄道

隴西

白馬

冉駹　　南鄭

蜀郡　　巴郡

羌　　羌　　成都

江州

筰

都

邛

都

夜

郎

雟昆　明　糜莫

滇　漏臥　　　　　象

句町　　　　　　　郡

臨

⊙　**咸陽**　都城

　　象郡　統縣政區

○　洛陽　郡治所

〰〰〰　長城

……　人工河

東

肅

夫

慎

餘

沃

胡

高句麗

沮

朝鮮

右北平
漁陽
上谷
代郡
雲中
雁門
恆山
太原
河東
上黨
巨鹿
廣陽
濟北
臨淄
膠東
琅琊
東郡
碭郡
薛郡
邯鄲
河內
三川
潁川
泗水
陳郡
南陽
衡山
九江
東海
會稽
吳縣
東
閩中
越
南郡
長沙
廬江
番陽
臨湘
江陵
南越

陽樂
樂陽
遼西
襄平
遼東
無終
漁陽
代縣
晉陽
山垣
東垣
巨鹿
博陽
魯縣
琅琊
郯縣
濮陽
雎陽
相縣
陽翟
宛縣
陳縣
壽春
鄣郡
郡縣
東冶
邾縣
番禺
南海
布山

南海

象郡 桂林 南海

南海

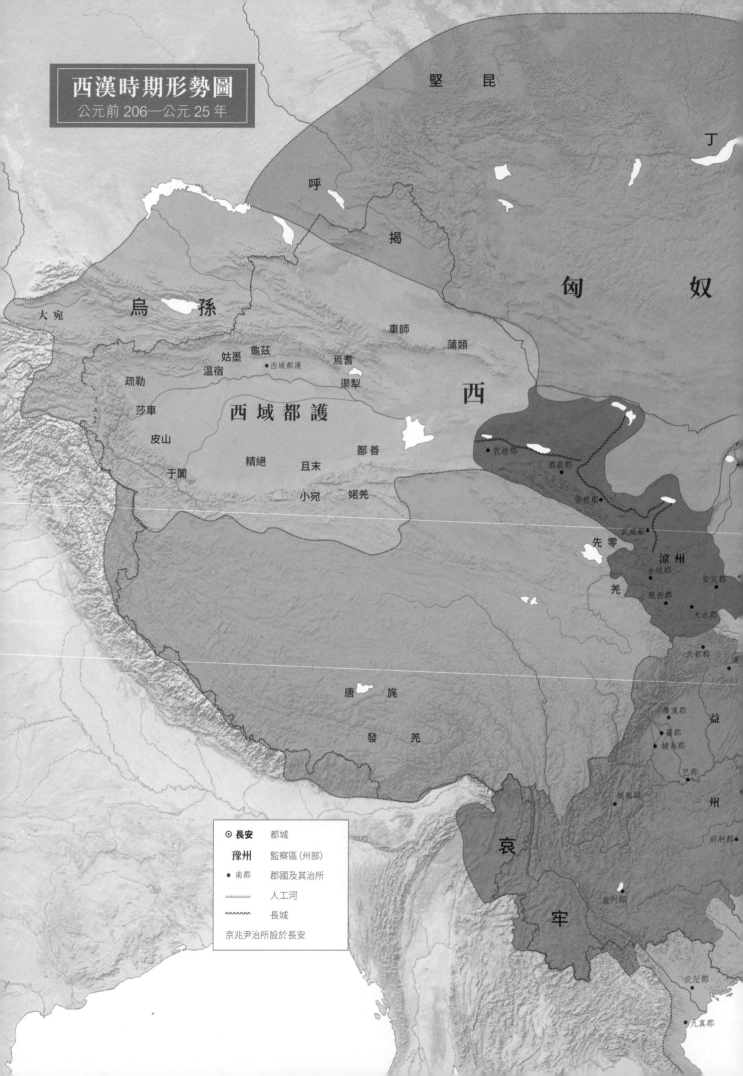

堅 昆

丁

呼

揭

匈 奴

烏 孫

大宛

車師

蒲類

西

姑墨　龜茲

溫宿　　●西域都護

焉耆

疏勒

渠犁

莎車

西 域 都 護

皮山

精絕

且末

鄯善

于闐

敦煌郡

酒泉郡

張掖郡

武威郡

先零

涼州

羌

金城郡

安定郡

隴西郡

天水郡

小宛

婼羌

武都郡

漢

唐旄

廣漢郡

益

發 羌

蜀郡

犍為郡

巴郡

越巂郡

州

哀

牂柯郡

牢

益州郡

交阯郡

九真郡

⊙ **長安** 　都城

豫州 　監察區（州部）

● **南郡** 　郡國及其治所

〰〰〰 　人工河

〰〰〰 　長城

京兆尹治所設於長安

鮮
卑
西嗕
夫
餘
肅
慎
烏
桓
高句麗
玄菟郡
遼西郡
右北平郡
遼東郡
幽
州
上谷郡
漁陽郡
廣陽國
雲中郡
定襄郡
代郡
涿郡
樂浪郡
濊
貊
辰韓
馬韓
弁韓
雁門郡
中山國
冀
河間國
并州
常山國
勃海郡
東萊郡
太原郡
信都國
平原郡
青
齊國
州
西河郡
巨鹿郡
北海國
趙國
州
清河國
泰山郡
上黨郡
魏郡
東平國
州
兗
城陽國
河東郡
河內郡
東郡
山陽郡
魯國
定陶國
徐
東海郡
弘農郡
河南尹
陳留郡
梁國
楚國
泗水國
隸
潁川郡
淮陽國
沛郡
豫
州
臨淮郡
州
汝南郡
廣陵國
南陽郡
九江郡
六安國
會稽郡
江夏郡
廬江郡
丹陽郡
荊
南郡
揚
豫章郡
長沙郡
州
州
零陵郡
桂陽郡
蒼梧郡
南海郡
趾
浦郡
交
趾
交阯郡
九真郡
日南郡
南海

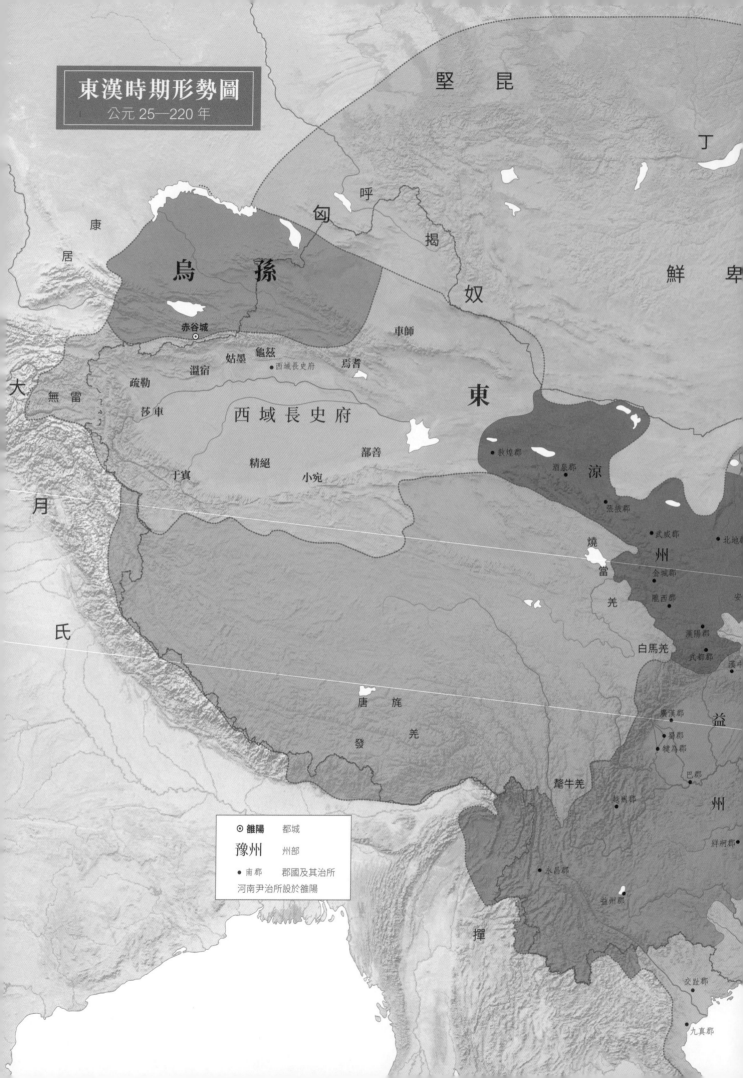

東漢時期形勢圖
公元 25—220 年

堅昆

丁

康

居

烏　孫

呼

匈

揭

奴

鮮卑

赤谷城 ⊙

車師

車師

大

無雷

疏勒

姑墨　龜茲

溫宿　●西域長史府

焉耆

莎車

西 域 長 史 府

東

月

于窴

精絕

小宛

鄯善

敦煌郡 ●

涼

酒泉郡 ●

燒

張掖郡 ●

武威郡 ●

北地郡

州

氐

金城郡 ●

當

羌

隴西郡 ●

安

漢陽郡 ●

武都郡 ●

漢中

白馬羌

唐旄羌

廣漢郡 ●

益

發

蜀郡 ●

犍為郡 ●

巴郡 ●

州

氂牛羌

越嶲郡 ●

⊙ 雒陽　都城

豫州　州部

● 南郡　郡國及其治所

河南尹治所設於雒陽

牂柯郡 ●

永昌郡 ●

益州郡 ●

撣

交趾郡 ●

九真郡 ●

挹

夫

婁

餘

沃

鮮卑

高　沮

句

玄菟郡　麗　◎國內城

遼西郡　遼東郡

幽　州

上谷郡　漁陽郡

雲中郡　代郡　廣陽郡　右北平郡　樂浪郡

雁門郡　涿郡　濊貊

太原郡　中山國　河間郡　勃海郡

西河郡　常山郡　冀　安平國　馬韓　辰韓

巨鹿郡　州　弁韓

趙國　平原郡　齊國

上黨郡　魏郡　清河國　青　北海國

河東郡　東郡　泰山郡　州　徐

弘農郡　河內郡　山陽國　魯國　州

兗　齊陰郡　琅邪國

隸　◎雒陽　河南尹　梁國　東海郡

潁川郡　陳留郡　彭城國

豫　陳國　州　下邳國

州

南陽郡　汝南郡　廣陵郡

九江郡

荊　江夏郡　廬江郡　吳郡

南郡　丹陽郡

揚

武陵郡　豫章郡

州　長沙郡　會稽郡

州

零陵郡　桂陽郡

夷洲

蒼梧郡

南海郡　州

交州　夷洲

交趾郡

九真郡

日南郡

南海

壹 開疆拓土，王朝一統

◎ 疆域的統一和開拓　◎ 王朝統一的工具和手段　◎ 統一與多元

疆域的統一和開拓

自商鞅變法以後逐步強大起來的秦國，經過 100 多年的奮鬥，先後消滅了韓、趙、魏、楚、燕、齊六國，於公元前 221 年結束了諸侯割據稱雄達數百年的局面，在中國建立了第一個空前統一的王朝。

秦王朝初併天下，"分天下以為三十六郡，郡置守、尉、監"，初期的秦王朝版圖"地東至海暨朝鮮，西至臨洮、羌中，南至北向戶，北據河為塞，並陰山至遼東"。此後，秦始皇繼續開疆拓土，使中國疆域第一次以統一的版圖呈現在歷史的書卷中。中國在地理空間上實現了歷史上的首次大一統，也開創了統一多民族國家的最初規模。

秦末，國內動亂，疆域有所內縮。到了漢代，特別是漢武帝時期，加大了對邊陲疆域的擴展。"新莽"時期，由於王莽的民族政策，使得早已安定的邊境又重新燃起戰火。東漢初期，因無力還擊匈奴，北方與西北方疆域有所收縮；隨着朝鮮四郡的內遷，東北方也有所內縮；西南方向則是有所擴展，光武帝時哀牢王歸漢，使得東漢時期的西南邊界延伸至今緬甸東部。兩漢時期對邊陲疆域的經營使得秦代所開創的疆域規模得到了進一步的擴大。

{秦始皇}

王朝統一的工具和手段

秦漢最高統治者除了依靠其優秀的個人能力，也通過一系列工具和手段相輔助，最終成就其統一霸業。

首先，最重要的工具是軍隊。軍隊是秦漢王朝建立的基礎，也是維護其統治的利器。不同時期軍事目的不同，使得軍隊構成也有所不同。秦以殲滅東方諸侯為目標，兵種以傳統車兵與新興騎兵並重。漢朝的軍事策略由諸侯國之間的征伐轉變為中央王朝與周邊民族間的戰爭，軍隊的構成也由秦朝車騎並重轉為以騎兵為主。

{ 秦國軍功賜爵表 }

秦國利用法律和制度來培養和鞏固全民重戰精神，秦人只要在戰場上殺敵立功，就可被賜予爵位和田宅，被稱為"軍功賜爵"，這也是秦能一統天下的重要原因之一

賜田（頃）	賜宅（畝）	爵位級別
20	180	二十級：徹侯（爵位和待遇與三公相同）
19	171	十九級：關內侯
18	162	十八級：大庶長
17	153	十七級：駟車庶長
16	144	十六級：大上造（大良造）
15	135	十五級：少上造
14	126	十四級：右更
13	117	十三級：中更
12	108	十二級：左更
11	99	十一級：右庶長
10	90	十級：左庶長
9	81	九級：五大夫
8	72	八級：公乘
7	63	七級：公大夫（爵位和待遇相當於縣令）
6	54	六級：官大夫
5	45	五級：大夫

四級：不更　　4　　36 ⎫
三級：簪裊　　3　　27 ⎬ 此四級為民爵
二級：上造　　2　　18 ⎟ 以上為官爵
一級：公士　　1　　9 ⎭

民爵　● 民爵指授爵後仍是平民身份，官爵指相當某一官職的職位
　　　● 各級爵位賜田、宅數目，以一頃田、九畝宅的比例遞增
官爵　● 斬獲敵首一名，賜爵一級，但賜爵者甚少晉升九級以上
　　　● 擁有一至四級爵位的人，在軍中仍然是"卒"，第五級爵位以上才是軍官

{ 秦國兵役種類和服役期限表 }

次數	役期	工用／性質
一生一次	1 年	守衛首都／軍務
一生一次	1 年	戍守邊疆／軍務
每年一次	1 個月	本郡縣的軍事工程／勞務

＊以 15 歲服役，60 歲退役計，一生需服役 69 個月

公元前 216 年，蒙恬率軍北擊匈奴，收復了河套及燕趙以北的地區，置九原郡（治所在今包頭西南），修築了西起臨洮，沿黃河、陰山，東到遼東的萬里長城

秦始皇對疆域的開拓

滅閩越，置閩中郡（治所在今福州）；擊敗南越（今廣東、廣西及越南北部），建立了桂林（治所在今廣西桂平）、南海（治所在今廣州）、象（治所在今廣西崇左）三郡

佔領了邛（今四川滎經縣東一帶）、筰（今四川峨邊縣東一帶）、冉駹（今四川松潘縣一帶）等，開通了著名的"五尺道"

西南　　**東南**

多次派衛青、霍去病出擊匈奴，使得匈奴遠徙

北方

漢代以前，中原王朝勢力向西只達到今甘肅省、寧夏回族自治區境內的黃河沿線。而漢武帝在位時期，派遣張騫兩次出使西域，打通了漢朝與西域諸國的交通線，並設置使者校尉以經營西域，使漢朝的勢力向西大大拓展，影響波及今天的中亞地區，開闢了"絲綢之路"

西域　　**東北**

滅衛氏朝鮮，設朝鮮四郡，擴大了東北部的疆域

漢武帝對疆域的開拓

在今雲貴川一帶設置犍為、牂柯、汶山、越嶲、沈黎、武都、益州七個初郡＊，西南疆域大大拓展，也加強了與內地的聯繫

＊漢朝把邊疆地區新設的郡稱為邊郡或初郡

西南

消滅南越割據政權，將漢朝的疆域拓展至今越南中部、海南島地區

東南

BC 2100

BC 1900

BC 1700

BC 1500

BC 1300

BC 1100

BC 900

BC 700

BC 500

BC 300

BC 100

0

100

BC221—220

300

500

700

900

1100

1300

1500

1700

1900

其次是法律，嚴明的律令也為秦漢的統一增添助力。秦始皇依據"事皆決於法"的思想，將商鞅以來的律令加以補充、修訂，形成了統一的、內容更為縝密的《秦律》。秦人的法治觀念不為傳統習慣、貴族特權、流行的道德觀念等所左右，這種對規則的崇拜和對法治的遵守是提升國家治理能力的重要法寶。漢承秦制，初期由丞相蕭何主導制定了《九章律》，主要是為了適應漢初休養生息的政策，《九章律》成為漢朝制定法律的主體與基礎。

{《秦律》竹簡}
湖北省雲夢縣睡虎地出土的一千多枚竹簡，對《秦律》有詳細記載，是了解秦朝國家政策的重要資料

最後，則是統一思想的精神手段。秦漢之際，天下歸一，統治者為了彰顯自己統治的權威性與合法性，便以統一思想為手段教化民眾，使其統治得以長治久安。儒學並未能在秦代成為主流思想，這與秦尚法家的歷史傳統有關，並且這一時期的儒學理念還處在轉變中的懵懂初階，與秦代集權法治思想有矛盾之處。漢承秦制，儒家思想的地位顯著上升，許多儒家學者出於對參與國家政治生活的強烈意願，進而對儒家理論體系不斷完善，以求契合國情，從而成為國家的規範。

{ 明 杜瑾《伏生授經圖》軸（局部）}

伏生為秦代博士，秦始皇焚書時，他將《尚書》等儒家經典藏於牆壁。西漢初，年逾九旬的伏生將所藏《尚書》殘卷取出，憑藉記憶將其補全，並傳授給弟子，遂成為後世影響巨大的儒家經典"今文尚書"。畫面表現的應是漢文帝派晁錯向伏生請教的場面

BC 2100
BC 1900
BC 1700
BC 1500
BC 1300
BC 1100
BC 900
BC 700
BC 500
BC 300
BC 100
0
100
BC221—220
300
500
700
900
1100
1300
1500
1700
1900

{ 秦漢軍制 }

兵種

給養

步兵重靈活性與防禦力

騎兵需快速衝殺，故重輕巧

車兵重鎧甲以自衛

弩兵因重在遠距離攻擊，其戎裝防禦力較弱

戎裝

步兵

騎兵

車兵

弩兵

水兵

步兵是戰場上的主力，通常配合車兵和騎兵作戰，負責與敵人近距離交鋒

騎兵是戰國以來出現的新兵種，由於其機動性強，主要擔任偵查、奇襲、追擊、包圍等任務

車兵是軍隊中地位最高的兵種，每輛戰車配備三人

弩兵是殺傷力最強的兵種，交戰時弩兵萬箭齊發，形成遠距離的射擊網面，以遏制敵軍的攻擊力

水兵又稱"樓船之士"，靈活性強的輕舟部隊亦頗具殺傷力

{ 彩繪執盾步兵 }

{ 彩繪陶騎兵 }

{ 重裝鎧甲馭手 }

{ 蹲跪式弩兵俑 }

軍隊構成

常備軍

常備軍包括京城地區的南北軍（一類為皇帝的警衛部隊，負責保護皇帝與駐守皇宮；一類為京城治安部隊，負責京城治安與出征作戰，是軍隊的主力）、郡縣部隊（負責地方治安）

野戰軍

野戰軍主要用於大規模的野外作戰

邊防軍

邊防軍負責邊區防務和修建城防，士兵以擅長騎射的北方人為主，也有因罪譴戌的官吏和平民

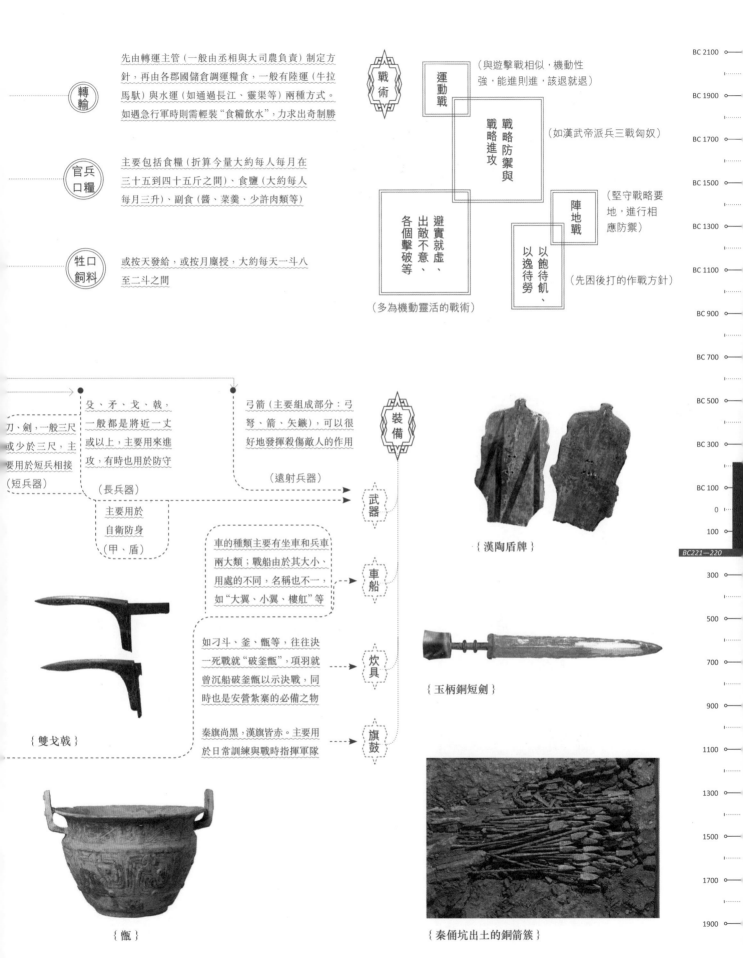

先由轉運主管（一般由丞相與大司農負責）制定方針，再由各郡國儲倉調運糧食，一般有陸運（牛拉馬馱）與水運（如通過長江、靈渠等）兩種方式。如遇急行軍時則需輕裝"食糒飲水"，力求出奇制勝

轉輸

主要包括食糧（折算今量大約每人每月在三十五到四十五斤之間）、食鹽（大約每人每月三升）、副食（醬、菜羹、少許肉類等）

官兵口糧

或按天發給，或按月廩授，大約每天一斗八至二斗之間

牲口飼料

戰術

運動戰 （與遊擊戰相似，機動性強，能進則進，該退就退）

戰略防禦與戰略進攻 （如漢武帝派兵三戰匈奴）

陣地戰 （堅守戰略要地，進行相應防禦）

避實就虛、出敵不意、各個擊破等

以飽待飢、以逸待勞 （先困後打的作戰方針）

（多為機動靈活的戰術）

刀、劍，一般三尺或少於三尺，主要用於短兵相接（短兵器）

殳、矛、戈、戟，一般都是將近一丈或以上，主要用來進攻，有時也用於防守（長兵器）

主要用於自衛防身（甲、盾）

弓箭（主要組成部分：弓弩、箭、矢鏃），可以很好地發揮殺傷敵人的作用

（遠射兵器）

裝備

武器

車船：車的種類主要有坐車和兵車兩大類；戰船由於其大小、用處的不同，名稱也不一，如"大翼、小翼、樓舡"等

炊具：如刁斗、釜、甑等，往往決一死戰就"破釜甑"，項羽就曾沉船破釜甑以示決戰，同時也是安營紮寨的必備之物

旗鼓：秦旗尚黑，漢旗皆赤。主要用於日常訓練與戰時指揮軍隊

{漢陶盾牌}

{玉柄銅短劍}

{雙戈戟}

{甑}

{秦俑坑出土的銅箭簇}

BC 2100
BC 1900
BC 1700
BC 1500
BC 1300
BC 1100
BC 900
BC 700
BC 500
BC 300
BC 100
0
100
BC221—220
300
500
700
900
1100
1300
1500
1700
1900

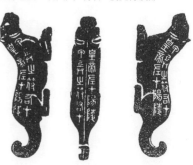

虎符左面、右面與"符合"後虎符頂部

{虎符}

秦軍調動50人以上都要經秦始皇批准，調兵的依據就是用青銅或者黃金做成的伏虎形狀的令牌。令牌分為兩半，其中一半交給將帥，另一半由皇帝保存，只有兩半虎符同時合併使用，持符者方能獲得調兵遣將權

{咸陽宮遺址出土的詔版}

在統一度量衡過程中，秦始皇和秦二世會將皇帝的詔令刻在標準器具上，以確保政策的推行。這塊詔版上刻有始皇帝二十六年（前221年）詔書

{《秦律》竹簡}

1975年在湖北雲夢睡虎地秦墓出土的大批竹簡，為我們提供了從商鞅變法到秦始皇時期立法的概況。《秦律》形式有"律""令""法""法律問答""例""程""式"等。其中"律"是《秦律》的主體，"令"是皇帝頒佈的詔令，"法"是"律"以外的單獨條文，"法律答問"是官吏在執行法律過程中對法律條文的解釋，"例"是執法中參照的各種案例。兩漢的法律在秦的基礎上，發展為"律""令""科""比"四種較為固定的形式，"科"即科條，也就是法令條文，"比"是已經判決的典型案例，即如果律令裏沒有相關條文不知道該怎麼判定，就比照典型案例進行判決

{臨潼秦陵出土詔版}

這塊詔版上刻有秦二世元年（前209年）詔書，重申統一度量衡的重要性

{ 董仲舒主要儒學思想 }

{ 董仲舒 }

董仲舒作為儒家傑出代表，完美地解決了統治者的需求，進而使儒家之學在漢代不斷提升影響力與政治地位，並最終成為漢及後世統一王朝的官方思想

BC 2100

BC 1900

BC 1700

BC 1500

BC 1300

BC 1100

BC 900

BC 700

BC 500

BC 300

BC 100

0

100

BC221—220

300

500

700

900

1100

1300

1500

1700

1900

天人感應 君權神授

▲

●

吸收了陰陽五行學說，認為天有著絕對權威，人是天所創造的，而君主為天子，是與天命合一的，代表天的意志治理人世，一切臣民都應絕對服從君主。這是「天人關係」的核心

罷黜百家 獨尊儒術

▲

●

以董仲舒為代表的儒家一方面通過「君權神授」為統治者的權威與合理性作出有力證明，另一方面又通過解釋「天意」來限制君權，使得儒家學說與無上權力緊密結合，用思想上的統一來為政治上的大一統服務

三綱五常 以德治國

▲ ▲

● ●

三綱：君為臣綱，父為子綱，夫為妻綱

五常：仁、義、禮、智、信

建立太學 選拔人才

▲ ▲

● ●

董仲舒主張縮小貧富差距與「調均」；主張用仁德代替嚴刑

主張設立學校從而廣泛教化民眾，加強統治

統一與多元

秦漢統一之前，境內各地區不同的文明已經開始交流與融合，從而為秦漢的統一創造了條件。秦王朝建立以後，統一的國家又進一步促進了統一的文化，其顯著特點是多樣化的存在。

從經濟發展來看，秦漢時期，在黃河流域、淮河流域、長江流域形成了統一的農業生產區；而在農業區的周圍也存在着牧業區（主要分佈在長城以北、以西）、漁業區（主要分佈在南方邊遠地區）等，由此構成了以農業為主，牧副業同時發展的經濟體系。

在制度方面，秦漢時期形成並確立了專制主義中央集權的政治制度，中央和地方的治理體系都是空前統一的，即所謂的"海內為郡縣，法令由一統"。但在全國皆為"郡縣"的情況下，少數民族地區也有多樣化的設置，《睡虎地秦墓竹簡・語書》便記載了"內郡為縣，三邊為道"，即在少數民族地區設"道"的情況（《漢書・百官公卿表》："縣有蠻夷曰道"）。

秦漢時期文明的統一趨勢，在文化方面可概括為"今天下車同軌、書同文、行同倫"。秦代初期，在秦始皇的大力推動下，各方面逐漸得到規範化管理。漢承秦制，在繼承秦文化的基礎上，又進一步鞏固並深化。總的來說，秦漢文明的統一呈現出了承繼性。具體來說，"車同軌"是秦始皇在天下一統時規定"數以六為紀，符、法冠皆六寸，

{秦朝政府組織}

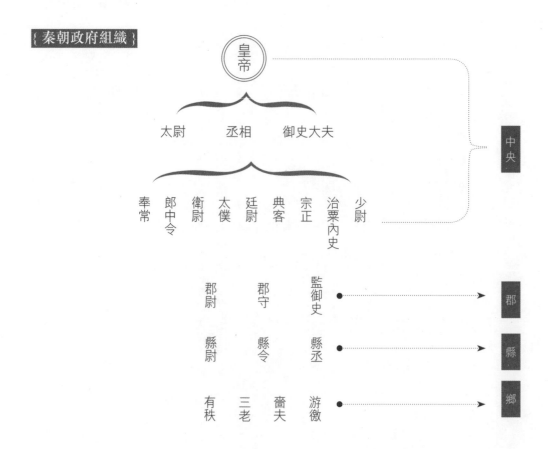

而輿六尺，六尺為步，乘六馬"。同時，他還下令在全國以咸陽為中心，修築貫通南北東西的水陸交通網，以便鞏固其統治疆域與政權。"書同文"則是以小篆為官方字體推廣全國，因文字作為思想的載體，其自身的規範化與統一化，將有利於教化民眾。"行同倫"是統一文化上的共同心理素質，通過官方所頒佈的法令條例使得廣大疆域內的人民有着統一的行為規範與社會準則，這樣更易於國家的管理。

在秦漢大一統格局下，由於區域地理環境和社會發展的差異，在經濟和社會方面存在多元的面貌。如《史記·貨殖列傳》裏體現的區域差異，《漢書·地理志》中《域分》《風俗》兩篇揭示的各地風俗。

兩漢時期，周邊的民族從不同層面向中原滲透。漢朝為鞏固和發展大一統局面，也積極採取各種有力措施，以加強對民族地區的管理。在這種中心與外圍相互擴展過程中，各民族之間的關係日趨密切。各民族之間的融合形成了中華文明的顯著特徵——多民族、多樣化的統一趨勢。

{ 秦簡中的隸書 }
秦代統一文字為小篆，但下級官吏通常採用更易於書寫的隸書辦公，被稱為"秦隸"

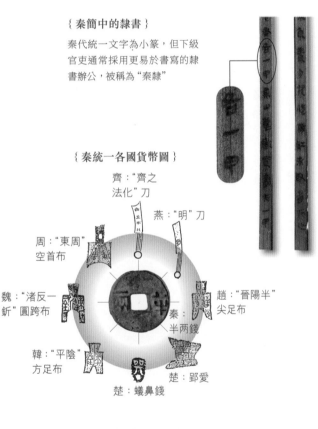

{ 秦統一各國貨幣圖 }

齊："齊之法化"刀
燕："明"刀
周："東周"空首布
魏："渚反一釿"圓跨布
趙："晉陽半"尖足布
秦：半兩錢
韓："平陰"方足布
楚：郢爰
楚：蟻鼻錢

{ 六國文字"馬"與秦篆比較 }

齊
魏
楚
秦
馬
趙
燕
韓

{ 秦半兩錢 }

{ 西漢五銖錢 }
"銖"是古代計量單位，一兩約為二十四銖。漢武帝時，以式樣規整、輕便耐用且不易盜鑄的五銖錢，取代了半兩錢。其樣式一直沿用到隋朝

BC 2100
BC 1900
BC 1700
BC 1500
BC 1300
BC 1100
BC 900
BC 700
BC 500
BC 300
BC 100
0
100
BC221—220
300
500
700
900
1100
1300
1500
1700
1900

{ 秦朝水陸要道 }

{ 廣西桂林市興安縣境內靈渠"湘灕分派"的石壩 }

馳道　專供皇帝通行的道路，"道廣五十步，三丈而樹"，以今天的計量單位計算寬大約 70 米，而且是兩旁種有"青松"的林蔭大道

直道　南起雲陽（今陝西淳化），北抵九原（今包頭市西）

五尺道　從四川宜賓通往雲南曲靖。從咸陽度陳倉經天府之國，過五尺道即可抵達西南邊陲

新道　打通南嶺山脈，與馳道相連，從湖南、江西能直抵廣東、廣西

靈渠　在湘水、灕水間開鑿靈渠，溝通了長江與珠江水系

{ 秦始皇泗水撈鼎畫像石拓片 }

相傳大禹治水後鑄造象徵九州的九鼎，成為夏、商、周的傳國重器，周亡後，九鼎不慎落入泗水。秦始皇統一天下後，命人在泗水中打撈九鼎，但是沒有撈到

{ 秦始皇出巡路線表 }

始皇西巡　從咸陽西行到達渭水上游的隴西郡、涇水上游的北地郡，深入秦王朝西陲

1

2 泰山封禪、琅琊刻石、泗水撈鼎　登山祭天，舉行封禮，又在梁父山舉行禪禮；往東至琅琊，甚喜大海，便立石刻；泗水撈鼎不得；怪罪於湘君神，便把湘山上的樹都砍光了

3 短暫之行　在之罘（今山東煙台芝罘山）留下刻石

4 東臨碣石　在今河北昌黎縣附近留下刻石

5 沙丘落日　向南行至雲夢，浮長江而下，取水道至錢唐，再到會稽山祭大禹，然後北上琅琊重遊，在西行回程途中於沙丘平台（今河北巨鹿東南）駕崩

{秦代交通及秦始皇出巡路線示意圖}

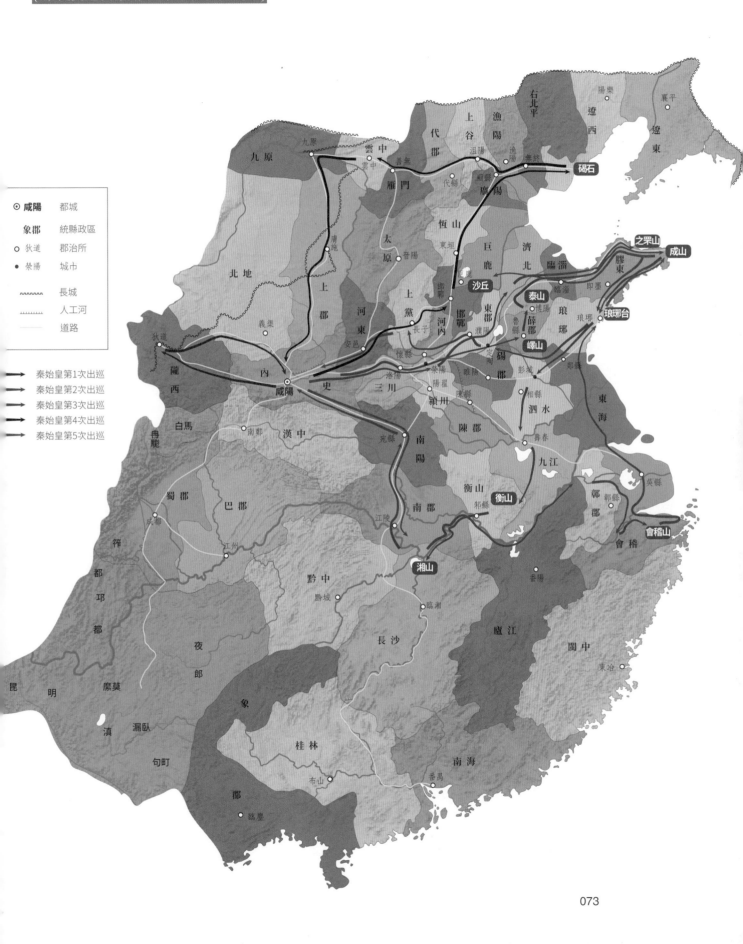

{《史記・貨殖列傳》所載地域文化、重要都會分佈示意圖}

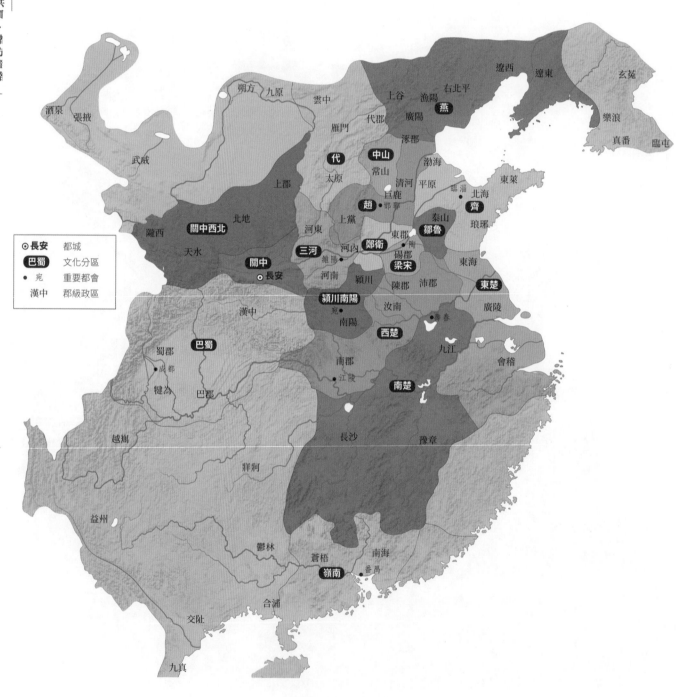

⊙長安　都城
巴蜀　文化分區
●　宛　重要都會
漢中　郡級政區

酒泉　張掖　武威　朔方　九原　雲中　上谷　漁陽　右北平　遼西　遼東　玄菟

隴西　北地　上郡　雁門　代郡　廣陽　涿郡　燕　樂浪　真番　臨屯

關中西北　天水　太原　代　中山　常山　清河　平原　臨淄　東萊　渤海　北海　齊　琅邪

三河　河東　上黨　趙　邯鄲　巨鹿　泰山　鄒魯　東海

關中　河內　鄭衛　東郡　陶　碭郡　梁宋

長安　河南　潁川　陳郡　沛郡　東楚

潁川南陽　宛　南陽　汝南　壽春　廣陵

漢中　西楚　九江　會稽

巴蜀　蜀郡　成都　南郡　江陵　南楚

犍為　巴郡

越嶲　益州　長沙　豫章

牂柯

鬱林　蒼梧　南海　番禺　嶺南

合浦　交阯

九真

《漢書·地理志》所載地域文化、各地風俗示意圖

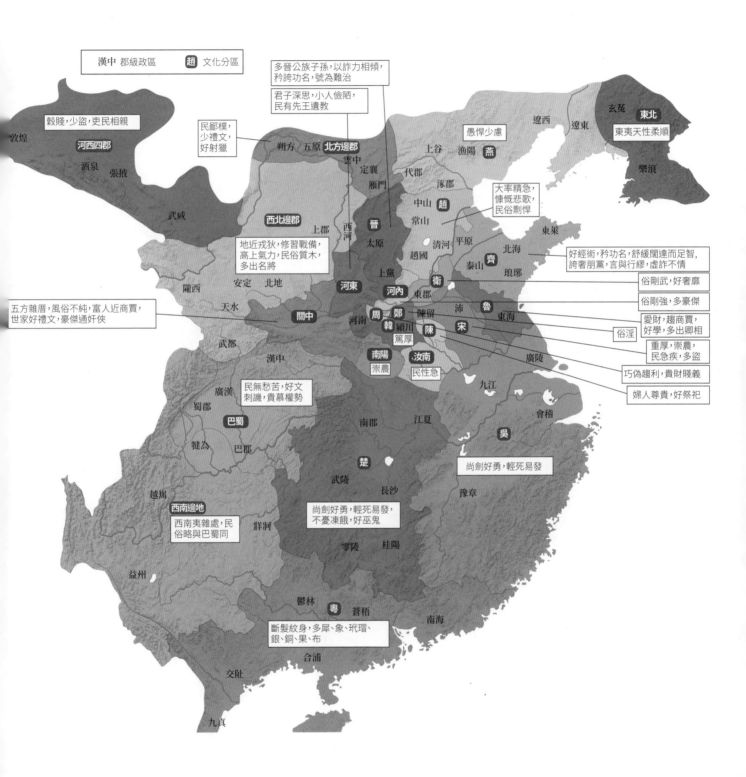

漢中 郡級政區　　趙 文化分區

多晉公族子孫，以詐力相傾，
矜誇功名，號為難治

君子深思，小人儉陋，
民有先王遺教

民鄙樸，
少禮文，
好射獵

穀賤，少盜，吏民相親

河西四郡

敦煌
酒泉　張掖

武威

朔方　五原　北方邊郡
　　　　　雲中
　　　　定襄
　　　　雁門
　　　中山　代郡
　　　　涿郡
　　常山

上谷　漁陽　燕

愚悍少慮

玄菟　東北

東夷天性柔順

遼西　遼東

樂浪

東萊

大率精急，
慷慨悲歌，
民俗剽悍

西北邊郡

上郡　西河
晉
太原

上黨

趙
趙國　清河　平原

北海
泰山　琅邪

齊

好經術，矜功名，舒緩闊達而足智，
誇奢朋黨，言與行繆，虛詐不情

俗剛武，好奢靡

地近戎狄，修習戰備，
高上氣力，民俗質木，
多出名將

隴西　安定　北地

天水

河東

衛
東郡

河內

俗剛強，多豪傑

五方雜厝，風俗不純，富人近商賈，
世家好禮文，豪傑通奸俠

武都

漢中

關中

河南
周　鄭
韓
潁川
篤厚

南陽
崇農

汝南
民性急

沛　魯　東海

陳　宋

廣陵

愛財，趨商賈，
好學，多出卿相

俗淫

重厚，崇農，
民急疾，多盜

巧偽趨利，貴財賤義

婦人尊貴，好祭祀

九江

廣漢
蜀郡
巴蜀

犍為　巴郡

民無愁苦，好文
刺譏，貴慕權勢

南郡　江夏

會稽

吳

尚劍好勇，輕死易發

越巂

西南邊地

西南夷雜處，民
俗略與巴蜀同

牂牁

武陵　長沙

楚

豫章

益州

尚劍好勇，輕死易發，
不憂凍餓，好巫鬼

零陵　桂陽

鬱林　粵　蒼梧

南海

斷髮紋身，多犀、象、玳瑁、
銀、銅、果、布

合浦

交阯

九真

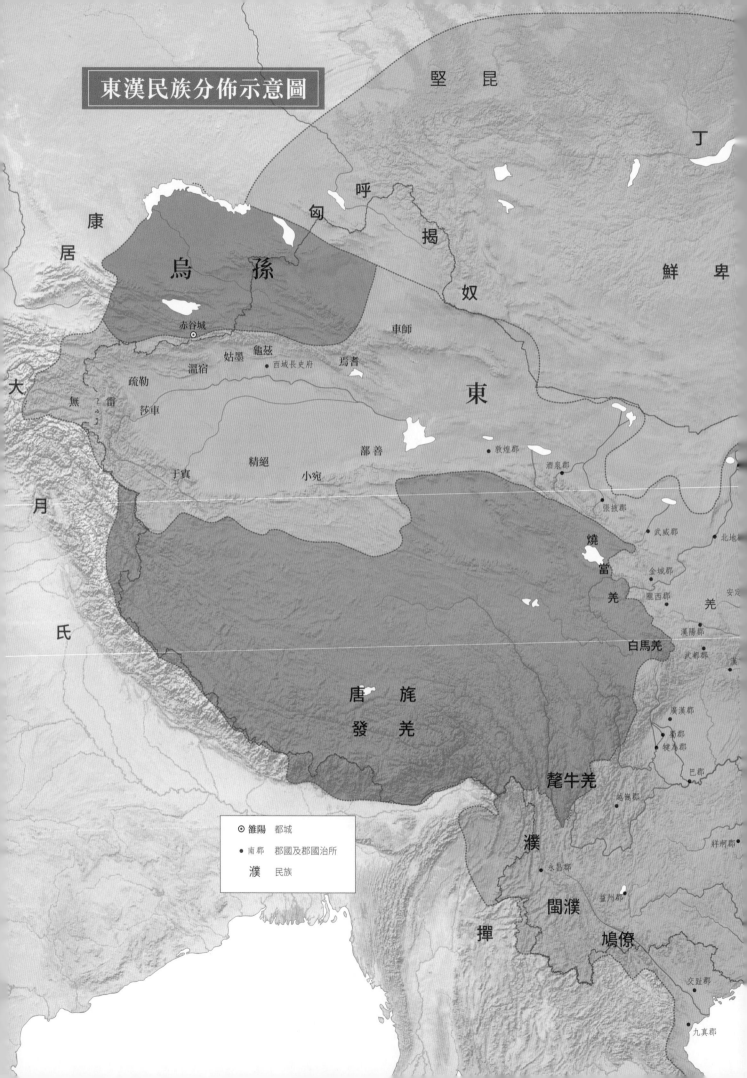

東漢民族分佈示意圖

堅昆

丁

呼揭

奴

鮮卑

康居

烏孫

匈

車師

赤谷城

龜茲

姑墨

疏勒

溫宿

莎車

西域長史府

焉耆

東

大

無雷

月

于闐

精絕

小宛

鄯善

氏

敦煌郡

酒泉郡

張掖郡

武威郡

北地郡

燒

金城郡

羌

當

隴西郡

安定

羌

漢陽郡

白馬羌

武都郡

漢

唐旄羌

旄牛羌

發

廣漢郡

蜀郡

犍為郡

巴郡

越巂郡

濮

祥柯郡

永昌郡

益州郡

閩濮

撣

鳩僚

交趾郡

九真郡

⊙ 雒陽　都城

● 南郡　郡國及郡國治所

濮　民族

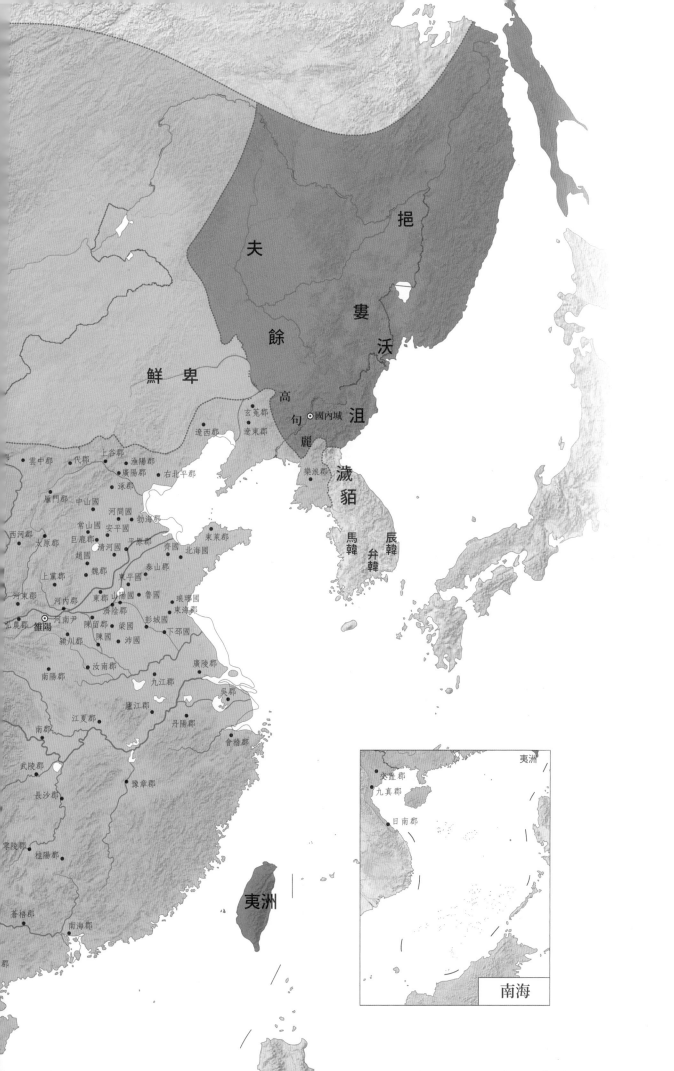

挹

夫

婁

餘

沃

鮮卑

高

句

沮

玄菟郡　　　國內城

麗

遼西郡　　遼東郡

樂浪郡

濊

貊

雲中郡　代郡　上谷郡　漁陽郡

廣陽郡　右北平郡

馬

辰

涿郡

韓

韓

雁門郡　中山國

河間郡　勃海郡

弁

西河郡　常山國　安平國

東萊郡

韓

太原郡　巨鹿郡　清河郡　平原郡　齊國

北海國

上黨郡　趙國　魏郡　東平國　泰山郡

河東郡　河內郡　東郡　山陽國　魯國　琅琊國

弘農郡　河南尹　陳留郡　梁國　彭城國　東海郡

雒陽　　潁川郡　陳國　沛國　下邳國

汝南郡　　　　廣陵郡

南陽郡　　九江郡

廬江郡　　吳郡

江夏郡　　丹陽郡

南郡　　　　會稽郡

武陵郡

長沙郡　豫章郡

零陵郡

蒼梧郡　桂陽郡

南海郡

夷洲

BC221—220

夷洲

交趾郡

九真郡

日南郡

南海

BC 2100
BC 1900
BC 1700
BC 1500
BC 1300
BC 1100
BC 900
BC 700
BC 500
BC 300
BC 100
0
100
300
500
700
900
1100
1300
1500
1700
1900

貳 交通中西，放眼域外

◎ 鑿空西域　◎ 海疆絲路　◎ "物"從遠方來

鑿空西域

任何一個國家的文明，在向前發展中都會受到各種外來文化因素的影響。秦漢以前，華夏民族的文明也是在與各民族不斷交流融合的過程中逐漸發展起來的。秦漢統一王朝的建立為大規模吸收外來文明創造了條件，同時，秦漢文明也不斷向外傳播。這一時期秦漢文明的發展不僅僅局限於自身的版圖之內，它開始放眼世界，並逐步地融入世界歷史的長河中。

中國大規模進行域外探索始於漢代，以張騫通西域和絲綢之路的開闢為序幕，開啟了中國與外部世界互動與認知的新時代。

張騫通西域是在漢朝全面反擊匈奴的大背景下進行的。漢朝建立後，長期遭受匈奴的威脅。漢武帝為了打擊匈奴、斷其"右臂"，曾派遣張騫先後兩次出使西域，到達了許多前所未知的地區與國家，極大地豐富了漢朝對西域的了解與認知。

張騫兩次出使西域帶回了許多有關西域的新情報，從而成為古代中國重新認識域外的開端。同時，張騫還帶回了大量極具商業價值的信息，這些信息對於開通絲綢之路並建立中國與西方的聯繫起到了關鍵作用。絲

{ 張騫出使西域主要國家一覽表 }

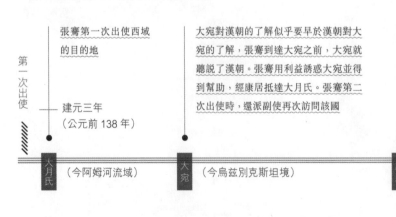

第一次出使

張騫第一次出使西域的目的地

建元三年
（公元前 138 年）

大月氏　（今阿姆河流域）

大宛對漢朝的了解似乎要早於漢朝對大宛的了解，張騫到達大宛之前，大宛就聽說了漢朝。張騫用利益誘惑大宛並得到幫助，經康居抵達大月氏。張騫第二次出使時，還派副使再次訪問該國

大宛　（今烏茲別克斯坦境）

康居是最早與漢朝建立交往的國家，早在張騫通西域之前，漢朝就已經聽說過康居。然而張騫到達的不是康居的本土，所以張騫在給漢武帝的報告中，對康居的描述很簡略。但張騫在第二次出使西域時，也派副使訪問了康居

康居　（今哈薩克斯坦境）

BC 2100

BC 1900

BC 1700

BC 1500

BC 1300

BC 1100

BC 900

BC 700

BC 500

BC 300

匈

奴 單

龍城

趙信城

前119

霍去病

于

匈

奴

左

部

前121

李廣

張騫

前119

路博德

庭

匈 奴

衛青

前119

前119

李廣

右

部

河西

前127

衛青

朔方 五原

雲中

前200 上谷

遼西 遼東

渾邪王

酒泉

張掖

樓煩王

定襄

漁陽

右北平

白羊王

雁門

前166

河套

代郡

涿郡

中山

勃海

BC 100

0

休屠王

太原

常山

100

武威

趙

國

前121

霍去病

上郡

太原

劉邦

前200

河

BC221—220

前121

北地

河東

上黨

內

霍去病

隴西

河南

⊙ 長安 都城
● 趙信城 重要城市
太原 漢郡
武威 漢新置郡
河套 前127年，衛青西征
　　 所得河套地區
河西 前121年，霍去病西
　　 征所得河西地區

⊙ 長安 漢

渾邪王 匈奴王
路博德 漢軍主帥
→ 前166 匈奴進攻路線、時間
→ 前119 漢軍進攻路線、時間

300

500

700

900

1100

大夏原來是波斯帝國的一個地區。張騫出使西域到達大月氏時，大夏已被月氏人征服而亡國，但大夏處於東西方文明的"十字路口"，所以給張騫留下了很深的印象。張騫第二次出使時，也派副使再訪該地

第二次出使

張騫第二次出使西域的目的地

元狩四年（公元前 119 年）

張騫首次出使西域時，就聽說了一些安息的情況，再次出使西域時，派遣副使訪問了安息。安息國王非常重視並隆重地接待了漢朝使者。當漢使返回漢朝時，安息國王也派使節隨之來到漢朝，還將鴕鳥蛋和來自羅馬帝國的雜技者送給漢武帝，兩國間開始建立聯繫

張騫首次出使西域時，就聽說過身毒國，在向漢武帝進行彙報時認為可以通過身毒國進行西南地域的交流，漢武帝深以為然，就派遣張騫從蜀地出發前往身毒，途中遭到了各種阻礙沒能成功。但張騫第二次出使西域時，派遣到身毒的副使走的並不是這條道路，而是從西域前往的

1300

大夏 （今阿富汗北部）

烏孫 （今伊犁河流域）

安息 （今伊朗高原）

身毒 （今印度）

1500

1700

1900

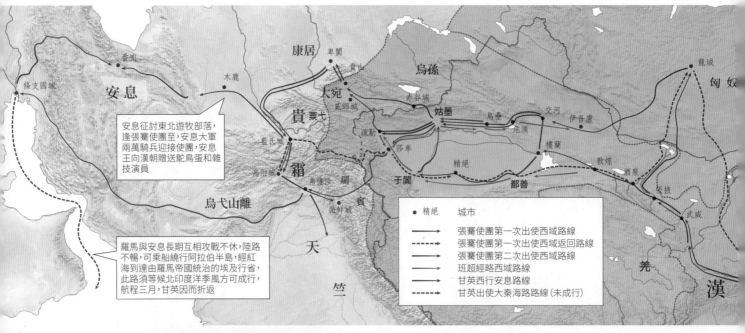

安息征討東北遊牧部落，逢張騫使團至，安息大軍兩萬騎兵迎接使團，安息王向漢朝贈送鴕鳥蛋和雜技演員

羅馬與安息長期互相攻戰不休，陸路不暢，可乘船繞行阿拉伯半島，經紅海到達由羅馬帝國統治的埃及行省，此路須等候北印度洋季風方可成行，航程三月，甘英因而折返

● 精絕	城市
→	張騫使團第一次出使西域路線
→	張騫使團第一次出使西域返回路線
→	張騫使團第二次出使西域路線
→	班超經略西域路線
→	甘英西行安息路線
⇢	甘英出使大秦海路路線（未成行）

{ 張騫、班超通西域示意圖 }

綢之路是將世界文明連成一體的道路，它使中國人認識域外的視野更加廣闊，也對中國和外國歷史的進程帶來無法估量的影響。

西漢末年與王莽新朝時期，匈奴利用中原混亂之際，重新控制了西域。為了解除北匈奴的威脅、重開絲綢之路，東漢王朝決定對北匈奴進行軍事打擊。班超就是在這種形勢下出使西域，開始了他長達 31 年的經略西域的事業。班超出使西域的使命，是聯絡西域各地的君王，說服他們脫離匈奴，親附東漢。他先後降服了鄯善、于闐、莎車、車師、焉耆、疏勒、龜茲、尉犁、危須等，使得西域 50 餘國皆遣使內附於漢。班超還遣使結好烏孫、月氏等國，並派甘英前往大秦（羅馬帝國），但止步於安息。班超對西域的經營，使絲綢之路全線暢通得到保障，有力地促進了東漢王朝與域外諸國間的互動與認知。

* 班超出使西域時到了鄯善，鄯善王聽說後親自出城迎候。班超向鄯善王說明來意，鄯善王很高興。過了幾天，匈奴也派使者來和鄯善王聯絡感情，並在鄯善王面前說了東漢許多壞話。第二天，鄯善王拒不接見班超，甚至還派兵監視班超。班超立刻召集大家商量對策。他認為只有除掉匈奴使者才能消除鄯善王的疑慮。但班超僅帶了 36 人，與匈奴兵強馬壯的人員差距頗大。班超說："不入虎穴，焉得虎子！"於是在深夜，班超帶了士兵潛到匈奴營地。他們一面放火燒帳篷，一面擊鼓吶喊。匈奴人大亂，結果全部被滅。此舉震懾了鄯善與周邊其他西域小國，一時間他們紛紛與東漢建立了聯繫

{ 敦煌郡的效谷懸泉置遺址 }

懸泉置是河西走廊安西縣與敦煌郡之間的重要驛站，也是等級較高的邊境驛站。佔地 2 萬餘平米，有拉車的傳馬和騎乘的驛馬 36 匹，並有馭手和信使。主要負責接送高級官員、外國使節、往來商旅，傳遞詔書、公文。這裏曾一次接待樓蘭王及其隨從 200 餘人

{ 張騫出使西域壁畫 }

敦煌壁畫描繪了漢武帝派遣張騫出使西域大夏國的的情景

{ 羅馬玻璃瓶 }

這件玻璃瓶是羅馬製造的,出土於河南洛陽的東漢貴族墓葬。公元 97 年,班超命甘英出使大秦(羅馬),半途而返。公元 100 年,羅馬安東尼王朝使節出訪漢朝,到達洛陽,向漢和帝敬獻禮物,和帝頒授紫綬金印給他。這件玻璃瓶應該就是在這一時期傳入中國的

{ 希臘神像殘片 }

這件緙毛殘片出土於新疆東漢時期墓葬。上面織有一人馬形象。有人推測其為古希臘神話人物涅索斯,也有人推測其為馬其頓亞歷山大大帝。雖然說法不一,卻是當時東西方文化交流的見證

畜廄遺跡　　房屋遺跡　　果園遺跡

{ 精絕國遺址 }

精絕國是漢代西域 36 個綠洲國家之一,人口 3000 多人。張騫曾途經此地。後歸西域都護府管轄,設都尉為行政長官。南北朝時,因環境惡化,精絕人逐漸東遷。唐初玄奘西行取經時,這裏已荒廢

BC 2100

BC 1900

BC 1700

BC 1500

BC 1300

BC 1100

BC 900

BC 700

BC 500

BC 300

BC 100

0

100

BC221—220

300

500

700

900

1100

1300

1500

1700

1900

{合浦出土的玻璃杯}

海疆絲路

兩漢時期，中國與域外世界進行交流與聯繫的海上交通線路也已開闢，這條海上交通線路被人們習慣稱為"海上絲綢之路"。

當時的中國商人在番禺（今廣州）一帶同海外來華商人進行貿易，附近的徐聞、合浦等港口也發展成為遠航的始發港。《漢書·地理志》記載了漢武帝以後船舶出海的路線，大致是從東南沿海出發，經今南海、印度洋、阿拉伯海、紅海而到達地中海。自從這條航路開闢後，中國的商船將絲綢、瓷器等運輸到今泰國、馬來西亞、緬甸、印度和斯里蘭卡，再將印度、波斯等地的奇珍異寶運回中國。東漢時期，這種交往更加頻繁：葉調國（今爪哇）於131年，天竺（今印度）於159年和161年，撣國（今緬甸）於公元97年、121年和131年，都遣使來中國進獻。撣國還進獻"國之珍寶"，又獻"善眩人"（魔術師）。這些都表明，兩漢時期海上絲綢之路的開闢和逐漸成熟極大增進了漢王朝對東南亞諸國的了解，使其對域外世界的認知更加豐富。

廣西合浦縣境內已經發掘的數百座漢墓中，每座漢墓出土的隨葬品從數十件到數百件不等。其中有陶器、銅器以及金、銀、鐵、玉、漆等器具，種類齊全，而尤為多見的是大量的琉璃、瑪瑙、水晶等舶來品。眾多舶來品反映了海洋與大陸經濟、文化的結合，對了解古代中國的對外交往具有特殊的價值。

"物"從遠方來

"絲綢之路"的開闢，極大地促進了中國與其他文明之間的互動與了解。在這一過程中，不斷有新奇的"事物"沿着"絲綢之路"及其他渠道自遠方來到中國，與此同時，中國的先進技術也向外傳播。

首先是佛教。西漢時，西域的某些城邦小國已經信奉佛教。學術界多認為佛教在公元前2年就已經進入中原。這一年，博士弟子景盧跟隨大月氏國王的使者學習了佛經《浮屠經》。東漢永平七年（公元64年），漢明帝劉莊派大臣蔡音、秦景等十餘人出使西域，拜求佛經、佛法。永平十年（公元67年），二位印度高僧迦葉摩騰、竺法蘭應邀東赴中國弘法佈教，和東漢使者一道用白馬馱載佛經、佛像同返國都洛陽。第二年，漢明帝敕令在洛陽西雍門外三里御道北興建僧院。為紀念白馬馱經，取名"白馬寺"。迦葉摩騰和竺法蘭在此譯出《四十二章經》，為現存中國第一部漢譯佛典。

自此，虔誠的佛教徒們從西域沿着"絲綢之路"來到中國，同時帶來的，還有佛祖

{洛陽白馬寺}

教導的奧義。安世高便是代表之一。他本是安息國的王子，因看到人間疾苦，便放棄王位出家修行，並於公元 167 年來到洛陽，他最重要的貢獻是把小乘佛教的經典翻譯成中文。幾乎同時，月氏人支婁迦讖也來到洛陽，與安世高不同，他翻譯的是大乘佛教的佛經，後來大乘佛教在中國逐漸流行。

張騫出使西域以後，中亞、西亞與中國內地的交流急劇增多，而且綿延數千年。今天我們生活中一些習以為常的物品，其實就來自那些遙遠的國度。

"葡萄美酒夜光杯，欲飲琵琶馬上催。" 這句膾炙人口的詩中就有許多來自"遠方"的物品。據《史記》記載，張騫從西域帶回來的重要物種，一是葡萄，一是苜蓿。葡萄，古時寫作"蒲陶"或"蒲桃"，是起源於高加索地區的作物，這個稱呼也是古波斯語的音譯。在西漢時期，葡萄在中亞、西亞普遍栽培並用來釀酒。

詩句中的琵琶也是從西域傳入的，起先叫"批把"，漢代劉熙的《釋名》說："批把本出於胡中，馬上所鼓（彈奏）也。"他還解釋說，琵琶演奏時，手往前推叫"批"，往後退叫"把"，所以叫"批把"。可以列舉的例子還有很多，比如那些帶"胡"字的蔬菜：胡瓜（黃瓜）、胡蔥、胡桃、胡食（抓飯）、胡餅（燒餅）、胡椒、胡豆、胡麻（芝麻）、胡蒜（大蒜）、胡蘿蔔……還有被傳統中國文化視為多子多福吉祥象徵的石榴，以及紅藍花、番紅花、無花果、菠菜（原名波菱菜）等品種。

豐富的交流成果印證着秦漢時期域外探索的不斷拓展，秦漢時期的中國也成了世界的一部分。

{ 漢代佛教遺跡分佈圖 }

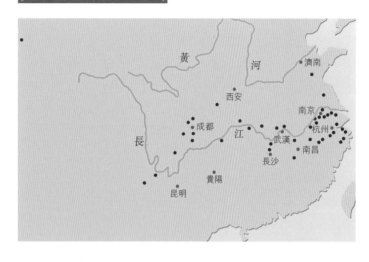

{ 江蘇連雲港孔望山石刻 }

漢代佛教傳入後，還未形成龐大勢力，常常被與道教尊像共同奉祀。在孔望山上，依山鑿刻佛像和道教老子像等百餘尊。屬於典型的佛、道尊像合併奉祀

—— 道教老子像

—— 佛教立佛像

BC 2100

BC 1900

BC 1700

BC 1500

BC 1300

BC 1100

BC 900

BC 700

BC 500

BC 300

BC 100

0

100

BC221—220

300

500

700

900

1100

1300

1500

1700

1900

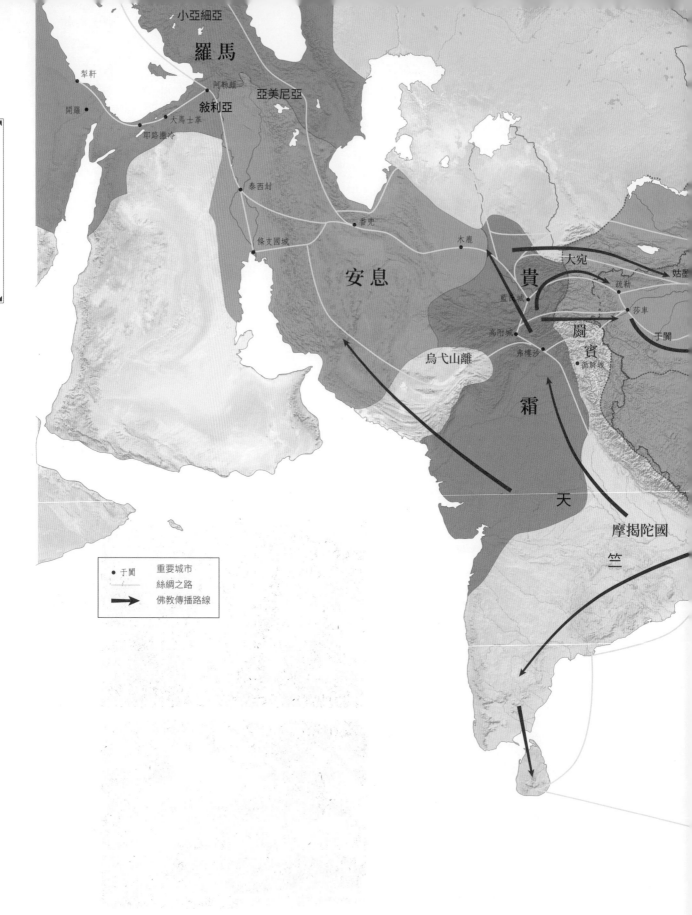

小亞細亞

羅馬

犁靬

阿勒顏

開羅

大馬士革

亞美尼亞

敍利亞

耶路撒冷

泰西封

番兜

條支國城

安息

木鹿

大宛

貴

藍氏城

疏勒

姑墨

莎車

于闐

烏弋山離

高附城

弗樓沙

罽賓

霜

高解城

天

摩揭陀國

竺

● 于闐	重要城市
	絲綢之路
→	佛教傳播路線

{ 漢代絲綢之路與佛教傳播示意圖 }

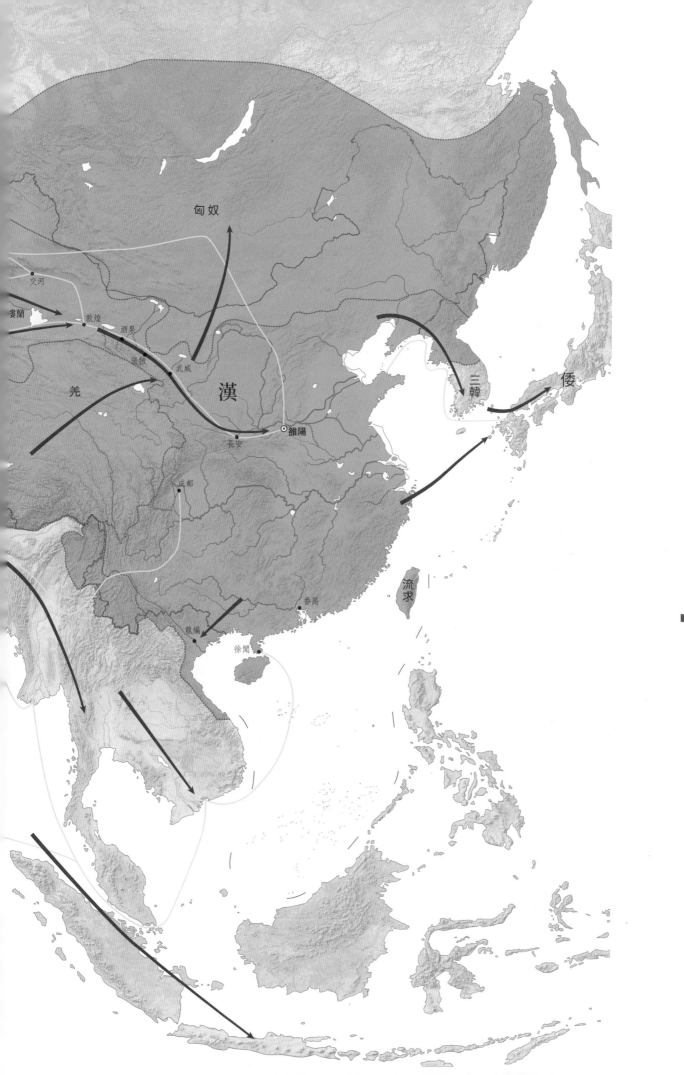

匈奴

交河

婁蘭

敦煌

酒泉

張掖

武威

羌

漢

長安

洛陽

成都

三韓

倭

流求

番禺

龍編

徐閩

BC 2100

BC 1900

BC 1700

BC 1500

BC 1300

BC 1100

BC 900

BC 700

BC 500

BC 300

BC 100

0

100

BC221—220

300

500

700

900

1100

1300

1500

1700

1900

{ 駱駝載樂舞畫像石拓片 }

在駱駝上表演歌舞，是西域胡風傳入的結果

{ 河南南陽漢代畫像石雄獅 }

獅子是西方異國獻給漢朝皇帝的貢品，被視為闢邪瑞獸

{ 秦漢時期中外交流主要成果 }

技術類

絲織　主要集中在東亞傳播，秦至西漢時期，中國的繅絲織絹和織羅技術相繼傳入日本

農耕　中國的鐵製農具、牛耕技術、鑿井技術等傳入東南亞

文學類

主要是與朝鮮、日本的聯繫

公元 1 世紀時，《詩經》、《尚書》、《春秋》等典籍便流行於朝鮮

東漢時期，"三韓"中的辰韓自稱為"秦亡人"

東漢時期，中日文化交流更為頻繁，光武帝還賜給前來朝賀的倭奴國王金印

（輸出）

樂舞　抗擊匈奴時期的戍邊將士把遊牧民族的鐃歌、笳歌、胡旋舞等帶入中原

藝術類

樂器　胡笳、五弦琵琶、鑼、鈸、腰鼓、箜篌、胡琴等

繪畫　主要表現在佛教造像與壁畫方面

雜技　魔術　都盧尋橦（來自緬甸的爬桿表演）、水人弄蛇（來自西域的玩弄蛇的表演；吐火、屠人、吞刀、種瓜等）

物种类

農作物　苜蓿、黃瓜、核桃、石榴、大蒜、小茴香、無花果、甘草、安息香、紅花、蠶豆、胡餅、胡蘿蔔等

動物　犀牛、駱駝、獅子、猛犬等

（輸入）

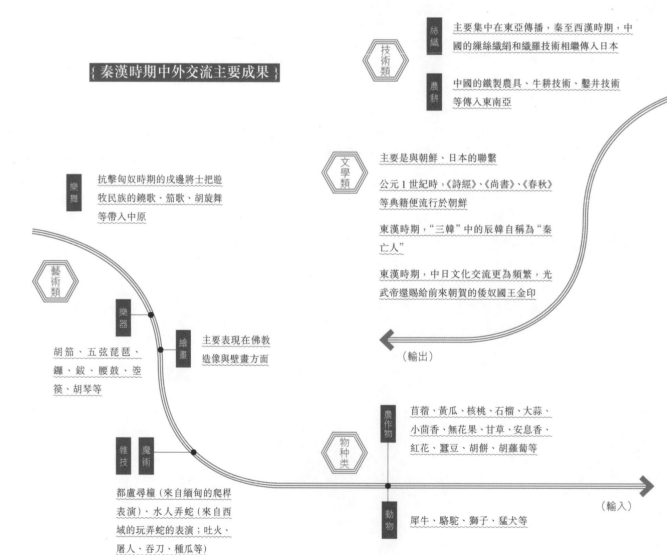

農為邦本，民康物阜

◎ 秦漢文明的基石——農業　◎ 獨具匠心的手工世界　◎ 繁華的商業都會

{ 鐵犁鏵 }

秦漢文明的基石——農業

秦漢時期，農業作為國家經濟發展的根本和支柱，取得了長足甚至是空前的進步。在戰國至秦漢時期，農業基本經濟區的範圍是涇水、渭水、汾水和黃河下游地區。稍後，巴蜀地區得到了開發。涇渭流域的關中平原號稱沃野，從戰國以來，在秦政府的有效組織下，關中大興水利灌溉工程，使這一地區的農業生產條件進一步改善。華北平原把黃河下游南北各地連成一片，秦漢時期，這裏成為當時最大最富庶的農業區域。司馬遷在《史記》中記載："齊帶山海，膏壤千里，宜桑麻，人民多文綵布帛魚鹽"。由此可以看出這一地區農業發展的概況。巴蜀地區土壤肥沃、氣候溫和濕潤，戰國末年李冰在成都平原上主持修建了舉世聞名的都江堰，治理了水災，發展了灌溉技術，使巴蜀農業取得了長足的進步。隨着秦漢中央政權對江南地區控制的日益強化，當地的農業得到了系統性開發；對西南夷地區則主要採取開鑿交通、移民屯墾、免徵賦稅等手段發展農業生產；對東北地區農業的開發集中在兩漢時期，主要通過戍兵屯田、招攬移民與推廣先進的農業生產技術等措施推進東北地區傳統農業經濟的發展。

秦漢時期農業的發展與當時農業生產科技的進步是分不開的。一方面是各種鐵製農具的使用和牛耕的推廣，大大提高了生產效率。據《後漢書·王景傳》記載：東漢明帝永平以前，廬江一帶"百姓不知牛耕"。永平十三年（公元 70 年），王景赴任廬江太守，"教用犁耕。由是墾闢倍多，境內豐給"。另一方面在耕作技術上出現了代田法和區田法，大大提高了土地的利用率和勞動生產率，達到了"用力少而得穀多"的效果。

{ 農耕圖壁畫 }

牛耕技術和鐵犁鏵等鐵製農具的發明和普及，標誌着農業生產進入深耕細作的新階段

BC 2100

BC 1900

BC 1700

BC 1500

BC 1300

BC 1100

BC 900

BC 700

BC 500

BC 300

BC 100

0

100

BC221—220

300

500

700

900

1100

1300

1500

1700

1900

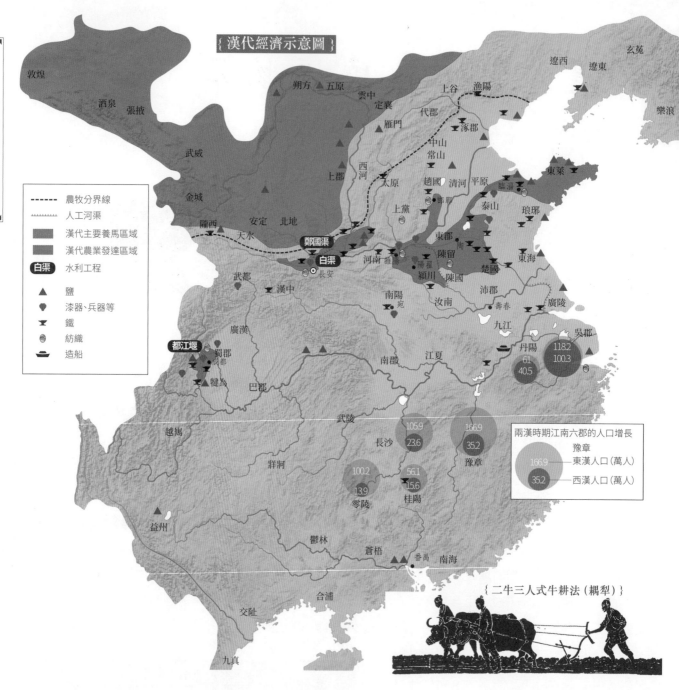

{ 漢代經濟示意圖 }

敦煌　酒泉　張掖　武威　金城　隴西　安定　北地　天水
朔方　五原　雲中　定襄　雁門　代郡　涿郡　上谷　漁陽　遼西　遼東　玄菟　樂浪
西河　太原　中山　常山　趙國　清河　平原　臨淄　東萊　琅邪
上郡　上黨　邯鄲　東郡　陶　泰山　東海
武都　漢中　南陽　宛　汝南　潁川　陳國　陳留　楚國　沛郡　廣陵
廣漢　蜀郡　成都　犍為　巴郡　南郡　江夏　九江　丹陽　吳郡
越嶲　牂牁　武陵　長沙　豫章
益州　鬱林　蒼梧　番禺　南海
交阯　合浦
九真

鄭國渠　白渠　長安　河南　雒陽　陽翟
都江堰

圖例

- - - - 　農牧分界線
||||||　人工河渠
　　　漢代主要養馬區域
　　　漢代農業發達區域
白渠　水利工程
▲　鹽
♟　漆器、兵器等
⟟　鐵
◉　紡織
⛵　造船

兩漢時期江南六郡的人口增長

豫章
166.9 —— 東漢人口（萬人）
35.2 —— 西漢人口（萬人）

吳郡 118.2 / 100.3
丹陽 61 / 40.5
豫章 166.9 / 35.2
長沙 105.9 / 23.6
桂陽 56.1 / 15.6
零陵 100.2 / 13.9

{ 二牛三人式牛耕法（耦犁）}

{ 秦漢時期農業生產主要科技成果 }

工具　生產

鐵鏵　鐴土

鐵鏵是耕犁破土的鋒刃，鐴土是耕犁的翻土器。兩者組合，能將耕起的土塊破碎和翻轉，更適於耕翻土地和開溝作壟

直轅犁

由耒耜發展而成。犁的結構一般由鏵、牀、栓、轅、梢、箭等部件構成，鏵呈等腰三角形，是鐵鑄的翻土利器；犁前接長轅，轅首置橫木為軛，軛壓兩牛頸上。其特徵是犁轅是直的

耬犁

耬犁（耬車）是西漢武帝時趙過所發明，其使用方法和功效是："三犁共一牛，一人將之，下種挽耬，皆取備焉，日種一頃。"耬車不僅能夠一次性完成開溝、下種、覆土等作業，大大提高了播種效率，同時還能保證行距一致、深度一致、疏密一致，便於出苗後的通風透光和田間管理，使得播種的質量也得以提高。對當時農業生產發展有重要的推動作用

秦漢時期，是我國水利發展史上最為輝煌的時代之一。秦統一後，在中央設置都水長，掌管全國的水利灌溉。漢代水官制度日益完備，從中央到地方都設有水利專員，還賦予地方官管理水利的責任。漢武帝時，特別重視水利建設，在關中和西北等地修建了龍首渠、六輔渠、白渠、成國渠等一大批重要的水利工程。龍首渠修建過程中發明了"井渠法"，使龍首渠從地下穿過商顏山，這在中國乃至世界水利史上是一個創舉。井渠法在西漢時期通過絲綢之路傳到了西域，有研究者認為今天新疆地區的"坎兒井"就是由"井渠法"演化而來。白渠建於漢武帝太始二年（前 95 年），因是趙中大夫白公的

1. 開溝作壟

2. 逐次培壅

3. 土地輪番使用

第一年

第二年

〔代田法圖示〕

代田法　深耕整地，開溝作壟，一畝地作三條壟，三條溝；壟溝互換，輪番利用，即今年的溝明年變為壟，今年的壟明年變為溝，使得土地能休養生息；把作物播種在溝裏，幼苗出土後及時除草，並把壟上的土鏟下來培育在禾苗根部，使得根系繁得更深，既能防風，又能抗旱

第一年

第二年

溝　　溝

區田法　是西漢後期在吅種法和代田法基礎上發展起來的一種集約耕作的方法。一種為寬幅區田，適用於平原地區；一種是方形區田，適用於斜坡、丘陵地。優點是可以集中施肥、充分發揮肥效，並能集中灌溉

技　生產
牛耕的推廣
術

秦漢時期，牛耕在各地逐漸普及。西漢時期，中央政府大規模推廣牛耕，而耦犁的使用使得勞動生產率大大超越耒耜，從而促進牛耕獲得真正的普及，鐵犁牛耕在農業生產中的主導地位才真正確立起來

技　耕作
術

〔樓車模型〕

〔翻車模型〕

耦犁　包括由改進了的犁鏵、與之相配合的犁壁、結構比較完整的犁架，以及雙牲牽引等組成的一個完整的牛耕體系

翻車　是一種刮板式連續提水機械，又名龍骨水車，是我國古代最著名的農業灌溉機械之一。翻車可用手搖、腳踏、牛轉、水轉或風轉驅動

碓　碓由臼與杵結合而成。漢初，出現以腳踏動的杵臼，稱為"踏碓"。其構造是利用槓桿原理，用一根長的木槓桿，架設於支點上，槓桿一頭裝有石製或木製的杵頭。杵頭落下之處，安一石臼。人以腳踏槓桿的另一頭時，杵頭抬起，當腳鬆開時，杵頭即藉重力自動舂下，使臼內的糧食得到加工。後來，人們又發明了畜力碓、水力單碓及機碓等

BC 2100
BC 1900
BC 1700
BC 1500
BC 1300
BC 1100
BC 900
BC 700
BC 500
BC 300
BC 100
0
100
BC221—220
300
500
700
900
1100
1300
1500
1700
1900

踏碓

{舂米圖畫像石}

在莊園糧食加工場上，四人相互配合舂米，動作十分協調

{釀酒圖畫像石}

這是貴族莊園酒肆作坊生產和銷售的情景

建議開鑿而得名。白渠"穿渠引涇水，首起谷口，尾入櫟陽，注渭，中袤二百里，溉田四千五百餘頃"。與經過六輔渠改造的鄭國渠構成引涇灌區的南北兩大幹渠，形成了較為穩定的旱地農區的大型澆灌系統，使得渭北地區農田獲得豐產，建成了西漢時期以長安為中心的重要農業經濟區。當時在民間流傳着這樣一首歌謠："田於何所？池陽谷口。鄭國在前，白渠起後。舉鍤為雲，決渠為雨。

涇水一石，其泥數斗，且溉且糞，長我禾黍，衣食京師，億萬之口。"

農業的發展使得人們可供選擇的食物種類增加了不少，雖仍以五穀雜糧為主，輔之以蔬菜等，但肉食的比重有了較大的提高，淮南王劉安發明了豆腐，食物烹飪的形式也不斷增多，秦漢時期的民眾生活水平也相對有所提高。

{漢畫像石：庖廚圖（拓片）}

表現古代廚師進行廚事活動的場景

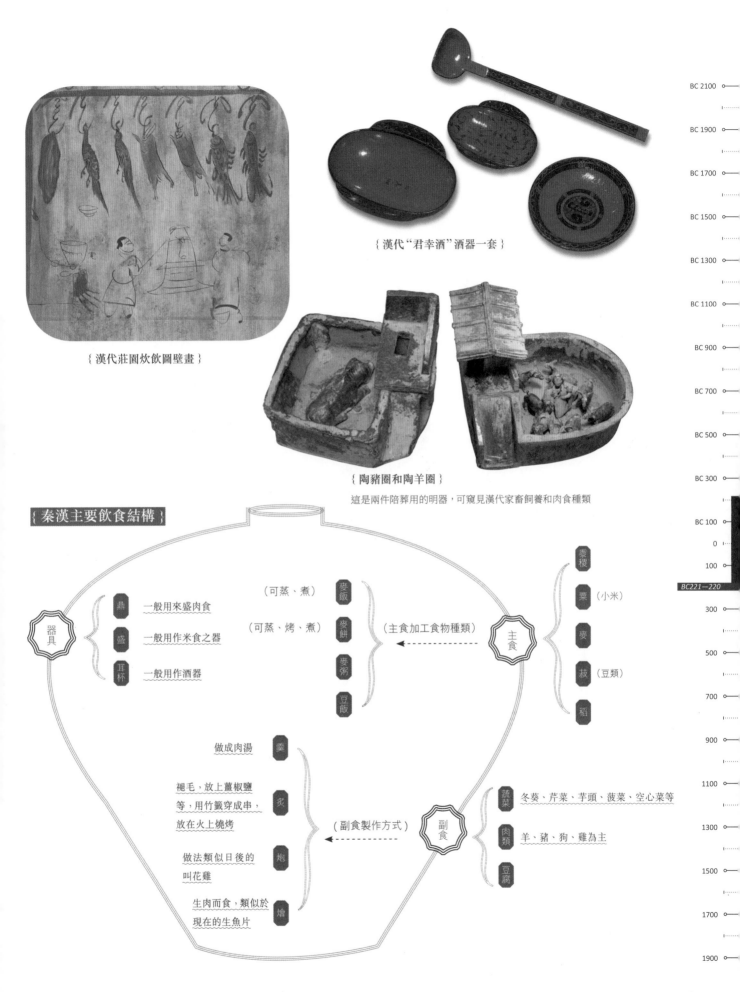

{ 漢代莊園炊飲圖壁畫 }

{ 漢代 "君幸酒" 酒器一套 }

{ 陶豬圈和陶羊圈 }

這是兩件陪葬用的明器，可窺見漢代家畜飼養和肉食種類

{ 秦漢主要飲食結構 }

器具

鼎　一般用來盛肉食

盛　一般用作米食之器

耳杯　一般用作酒器

（可蒸、煮）

（可蒸、烤、煮）

麥飯

麥餅

麥粥

豆飯

（主食加工食物種類）

主食

黍稷

粟（小米）

麥

菽（豆類）

稻

做成肉湯　羹

褪毛，放上薑椒鹽
等，用竹籤穿成串，
放在火上燒烤　炙

做法類似日後的
叫花雞　炮

生肉而食，類似於
現在的生魚片　膾

（副食製作方式）

副食

蔬菜　冬葵、芹菜、芋頭、菠菜、空心菜等

肉類　羊、豬、狗、雞為主

豆腐

BC 2100
BC 1900
BC 1700
BC 1500
BC 1300
BC 1100
BC 900
BC 700
BC 500
BC 300
BC 100
0
100
BC221—220
300
500
700
900
1100
1300
1500
1700
1900

{ 漢代主要服飾種類 }

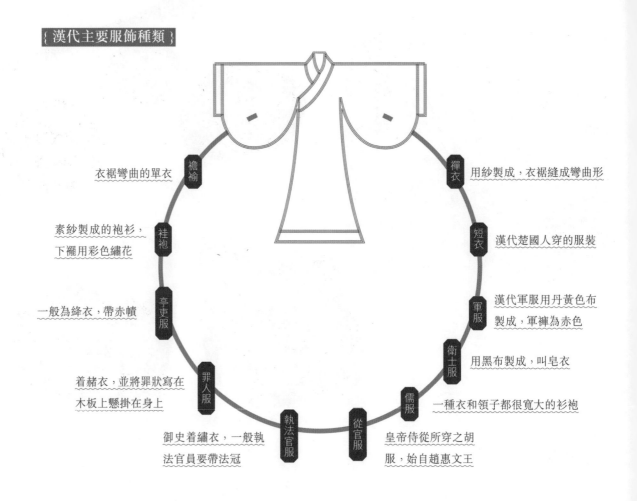

衣裾彎曲的單衣　襜褕

素紗製成的袍衫，下襬用彩色繡花　袿袍

一般為絳衣，帶赤幘　亭吏服

着赭衣，並將罪狀寫在木板上懸掛在身上　罪人服

御史着繡衣，一般執法官員要帶法冠　執法官服

皇帝侍從所穿之胡服，始自趙惠文王　從官服

一種衣和領子都很寬大的衫袍　儒服

用黑布製成，叫皂衣　衛士服

漢代軍服用丹黃色布製成，軍褲為赤色　軍服

漢代楚國人穿的服裝　短衣

用紗製成，衣裾縫成彎曲形　禪衣

獨具匠心的手工世界

農業生產水平的提高滿足了民眾的基本生活需要，人們開始製作各種裝點日常生活的物品。作為裝飾品的錦緞、絲綢，憑藉這一時期紡織技術的進步而取得大發展。紅黑厚重的漆器生產則依賴於分工明確並頗具系統性的技術加工。聲勢浩大的秦始皇兵馬俑坑，是秦代製陶技術水平高超的最好例證。

漢代的畫像空心磚比秦代更為發展，磚面上的畫面更加豐富，形象更加生動，使其不僅僅作為建築材料而存在，更進一步成為頗富藝術價值的工藝品。

秦漢紡織業的發展，為流傳千年並承載着中華民族傳統文化的服飾提供了發展空間。自黃帝“垂衣裳而天下治”起，服飾的發展經歷了不同歷史時期的豐富與完善。到了漢代，服飾不僅反映出當時的物質生產水平，更在一定程度上反映了社會的精神面貌與風俗習慣。它的發展幾乎與中華文明的發展同步，從一個獨特的角度見證了中華文明發展過程中的方方面面。它不僅僅是服飾，更是民族文化的符號。

{深衣木男俑}
這是貴族家身份較高的家臣形象,講究禮儀,身穿深衣

{絳紫色絹裙}
這是漢代貴族婦女的夏季衣料

{人物夒龍圖 / 勇士搏虎圖}
這是兩塊西漢墓葬磚雕,具有較高的藝術水平

{羅綺地信期繡綿袍}
這是西漢貴族婦女穿的綿袍,曲裾已改為短式,衣身和袖都很寬鬆

{西漢黑地朱雲氣紋漆碗}

BC 2100
BC 1900
BC 1700
BC 1500
BC 1300
BC 1100
BC 900
BC 700
BC 500
BC 300
BC 100
0
100
BC221—220
300
500
700
900
1100
1300
1500
1700
1900

繁華的商業都會

隨着農業的發展,人們在吃飽穿暖之後開始生產一些手工產品,一方面為了日常生活所需,另一方面還可用於交換。由此可見,商業發達要依靠農業和手工業的高度發展,穩定的社會環境與廣大的市場需求。秦初統一疆域的實現,打破了以往諸國封閉的商業發展環境,統一的度量衡使商業發展標準化,修築貫通全國的交通網絡更為商品的流通助力。這時候,全國範圍內的商業交換活動逐漸拉開帷幕,舊的都市煥發新的生機,新的商業都市如雲陽(今陝西淳化)、琅邪(今山東膠南)、臨邛(今四川臨邛)等通過不斷的貨物交易流通開始發展起來。秦漢朝代更替之際,社會動盪使得商業一度凋敝,漢統一後,安定的社會環境使得商業很快得以恢復發展,《史記·貨殖列傳》載:"漢興,海內為一,開關梁,弛山澤之禁。是以富商大賈,周流天下,交易之物莫不通,得其所欲。"《鹽鐵論》載:"自京師東西南北,歷山川,經郡國,諸般富大都,無非街衢五通,商賈之所湊,萬物之所殖者……宛、周、齊、魯,商遍天下。"

{秦漢主要都會}

{市井中忙碌的商人}

大都會

長安	政治上的優勢（首都）、經濟上的基礎（關中平原），加之人才濟濟（多豪富），使得長安成為全國性的大都會
洛陽	悠久的歷史、極佳的地理位置、便利的交通，加之為陪都所在，使其成為不亞於長安的大都會
邯鄲	交通便利，手工業與商業發達，地處近海地區，鹽、漁業發達，商賈集聚
臨淄	開發較早，物產豐富，人口眾多，工商業發達
南陽	開發歷史悠久，交通便利，商貨的集散地
成都	西南富庶之地，盛產銅、鐵、竹木等，絲織品也久負盛名

地區性都會

| 咸陽 | 秦時都城，手工業較為發達 |

| 陶　睢陽 | 陶地商業發達，"陶朱公"之名世人所知，也是絲麻織品的產地。睢陽是農產品的集散地 |

| 壽春　合肥 | 魚米之鄉，造船、絲織與冶銅業發達 |

| 番禺 | 海外商品貿易的重要港口與集散地 |

| 潁川 | 商業發達，商貨集散地 |

{開採井鹽圖}

{蜀郡的小型市場}

BC 2100

BC 1900

BC 1700

BC 1500

BC 1300

BC 1100

BC 900

BC 700

BC 500

BC 300

BC 100

0

100

BC221—220

300

500

700

900

1100

1300

1500

1700

1900

肆　多彩社會，璀璨明珠

◎ 歎為觀止的科技革命　◎ 豐富的娛樂生活與民眾的內心世界

　　秦漢時期經濟的發展，國家的大一統與多民族的融合，促進了物質文明與精神文明的進步，直接表現在多彩的社會生活方面。

歎為觀止的科技革命

　　秦漢時期比較重視科技創新，因為這不僅可以增強軍事實力，還能使農業生產的技術得到提高，又能促進手工藝的發展。統治者們對於實用性的科技工藝尤為重視，不但在資金上支持，有的還設置專門機構進行管理。

* 造紙術，是中國古代四大發明之一，為世界文明的發展作出了重要貢獻。秦漢時期的書寫材料一般為簡牘與帛，西漢中期，一種以絲、棉絮和植物纖維混合的絮紙出現，但使用範圍較小。東漢蔡倫總結經驗，改進了造紙的原料與製造工序，使得紙成為人們日常的書寫材料。而造紙術也不斷向世界各地傳播

　　1973 年在湖南長沙馬王堆三號漢墓出土的繪在帛上的地圖，體現了高超的測繪水平。一幅為"地形圖"，繪有山脈、河流、居民點及道路等，對於峰巒起伏的九嶷山與南北走向的都龐嶺及整個區域，都繪製得十分出色；另一幅地圖名為"駐軍圖"，除包含"地形圖"中相同要素外，還採用不同畫法，畫出了某軍駐所。兩幅地圖準確性較高，而精準地圖的繪製改變了西晉裴秀以來認為漢代地圖粗糙、不精準的看法。

{ 秦國的書寫工具 }

這是戰國時期秦國的書寫工具，包括了毛筆、石硯、墨和木牘

{ 我國書寫材料的發展歷程 }

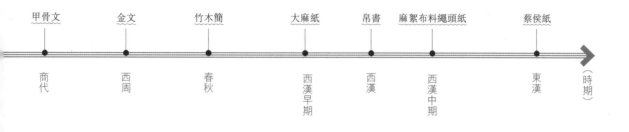

甲骨文	金文	竹木簡	大麻紙	帛書	麻絮布料繩頭紙	蔡侯紙	
商代	西周	春秋	西漢早期	西漢	西漢中期	東漢	(時期)

在漢代先進的科技革命中，有不少為世人造福並影響後世的醫學名家，他們的理論著作與臨床治療為我國的中醫學事業奠定了基礎。

張仲景的《傷寒雜病論》對中醫學的發展產生了巨大影響，經魏晉時期王叔和整理，分為《傷寒論》與《金匱要略》，前者主要論述傳染病與熱病，後者專述雜病的理論與方法。因其完善的辨證方法，所以張仲景被歷代醫學家尊為"醫聖"。

華佗精通外科、麻醉，並且很懂得養生之術。他吸收了前人的成果並加入自己的研究，創造出了"五禽戲"，《後漢書・華佗傳》載其弟子每天堅持做這一保健運動，"年九十餘，耳目聰明，齒牙完堅"。

2012年7月至2013年8月，考古工作者在成都市金牛區天回鎮的一處西漢墓地，發現了8部醫書。除《五色脈臟論》外，其餘都沒有書名。考古學家根據簡文內容擬將7部無題名醫書初步定名為《敝昔醫論》《脈死候》《六十病方》《病源論》《諸病症候》《經脈書》《歸脈數》，其中部分醫書極有可能是失傳的扁鵲學派的經典書籍。另外，在該墓地還出土了人體經穴俑，俑身上刻有縱橫複雜的經絡線，並刻有圓點標示穴位，穴位旁有字。這應是迄今我國發現最早、最完整的經穴人體醫學模型，與墓葬出土的經脈醫書相對照，對研究中華醫學經脈針灸理論的起源和發展具有重要意義。

{西漢中山靖王劉勝墓出土的醫療用具}
包括銀漏斗、長流銀匜、青銅醫工盆等

{投壺圖}

個人類

{彩繪陶六博具}

鬥雞在民間很流行，據說漢高祖劉邦的父親在沛縣時就極愛鬥雞

鬥雞

鞠是一種球，皮面包裹，用毛織物塞滿，類似於今天的足球，但比足球小，運動量較大。踢球的場地是正方形的。蹴鞠四字訣："身如立筆、手如提物、身用旋安、腳用活立"

蹴鞠

貴族士大夫階層喜愛的遊戲，即投箭入壺。所投之壺口小頸長，在壺外一定的距離處，把箭矢投進去即可

投壺

在飲酒時或自飲自唱，或任意唱歌並伴以行酒辭令，還有行酒令用的觡（大骰子）

行酒令

張衡發明的地動儀比歐洲的地震儀早1700餘年，它有八個龍頭，每個都在口中含有一枚銅丸，每個龍頭下方又設置一枚銅蟾蜍，當地震發生時，震源所對應方位的龍頭中銅丸會掉落在蟾蜍口中。

秦漢時期數學的成就，為社會發展提供了幫助。西漢時期，《周髀算經》的出現為當時人們的生產生活作出了巨大貢獻；成書於東漢的《九章算術》採用了最先進的運算方法，標誌着我國古代以計算為中心的數學形成了完整的體系。

農業的發展離不開天文曆法的輔助，秦漢時期天文曆法亦成就突出。《漢書·五行志》載"河平元年，三月己未，日出黃，有黑氣大如錢，居日中央"是世界天文學界公認最早的太陽黑子記錄。漢武帝時期，司馬遷等人改《顓頊曆》作《太初曆》，採用正月為一年的開端，並首次把二十四節氣編入曆法，為漢代農事活動的準確進行提供幫助。

豐富的娛樂生活與民眾的內心世界

在物質需求得到基本滿足之後，人們便有閒暇時間進行娛樂活動。因秦代較為短暫，留下的資料不多。漢代逐漸豐富的娛樂生活，是多彩社會的一個重要組成部分，也

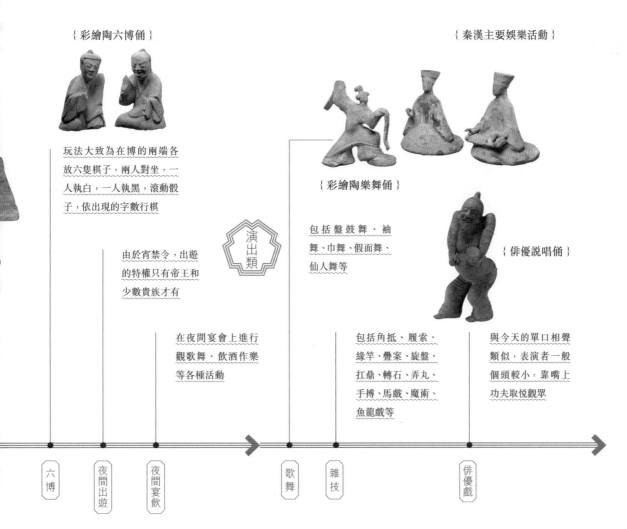

{彩繪陶六博俑}

玩法大致為在博的兩端各放六隻棋子，兩人對坐，一人執白，一人執黑，滾動骰子，依出現的字數行棋

由於宵禁令，出遊的特權只有帝王和少數貴族才有

在夜間宴會上進行觀歌舞、飲酒作樂等各種活動

演出類

{秦漢主要娛樂活動}

{彩繪陶樂舞俑}

包括盤鼓舞、袖舞、巾舞、假面舞、仙人舞等

{俳優說唱俑}

包括角抵、履索、緣竿、疊案、旋盤、扛鼎、轉石、弄丸、手搏、馬戲、魔術、魚龍戲等

與今天的單口相聲類似，表演者一般個頭較小，靠嘴上功夫取悅觀眾

六博　夜間出遊　夜間宴飲　　歌舞　雜技　　俳優戲

BC 2100
BC 1900
BC 1700
BC 1500
BC 1300
BC 1100
BC 900
BC 700
BC 500
BC 300
BC 100
0
100
BC221—220
300
500
700
900
1100
1300
1500
1700
1900

展現了兩漢時期物質生活的豐厚與精神文明的極大發展。這一時期的娛樂活動可以分為兩大類。一類為民眾可以親自即興玩耍的活動，另一類為民眾可以觀看的活動。前者主要有鬥雞、蹴鞠、投壺、六博、行酒令、圍棋等，後者則包括雜技、歌舞、俳優戲等演出項目。

秦漢時期豐富的物質文化生活為民眾提供了創作素材，他們把心中所想、眼前所見以相應的方式表達出來，漢賦、樂府詩、史書等表現形式應運而生，這些文化成就至今仍有重大影響。

漢賦是從楚辭發展而來的文體，其特點是以華麗的辭藻、鋪張的手法描寫宮廷或貴族生活以及社會的繁榮景象。它所極力呈現、鋪陳展示的，是與漢代豐富多彩的社會生活相契合的內容。西漢初年盛行騷體賦；形成於漢初的散體大賦，至武、昭、宣時興盛，成為漢賦的主流。漢初騷體賦的代表作品有賈誼的《弔屈原賦》《鵬鳥賦》，枚乘的《七發》等；而司馬相如的《上林賦》《子虛賦》則是西漢散體大賦中的名篇；東漢的代表作有班固的《兩都賦》與張衡的《二京賦》。

西漢時期盛行的樂府詩，具有很高的文學價值，也是大眾生活的集中體現。"樂府"是掌管音樂的官署，始設於秦。漢武帝時曾大規模地採集民歌，集中於樂府。這些民歌雖經過文人加工，但基本保持民歌的特色，並開創了現實主義的風格。它用通俗的語言去構造貼近民眾生活的作品，如被稱為"樂府雙璧"之一的《孔雀東南飛》（另一首為《木蘭詩》），就是通過一個淒美的愛情故事來表達作者對焦仲卿、劉蘭芝夫婦真摯感情與反抗精神的讚頌。

史書的出現為我們了解過去的歷史提供了重要的幫助，它不僅記載了國家統一的進程，還記錄了經濟、文化、民族與社會發展的方方面面。它的出現也成為我們了解當時民眾生活的一面鏡子。秦漢時期最具代表性的史書是司馬遷的《史記》與班固的《漢書》。司馬遷首創了紀傳體，班固則擴大了史書的內容範圍，如《藝文志》《地理志》為《漢書》首創。

﹛東漢儒學講經圖﹜
隨着漢武帝"罷黜百家、獨尊儒術"，儒學在漢代大盛

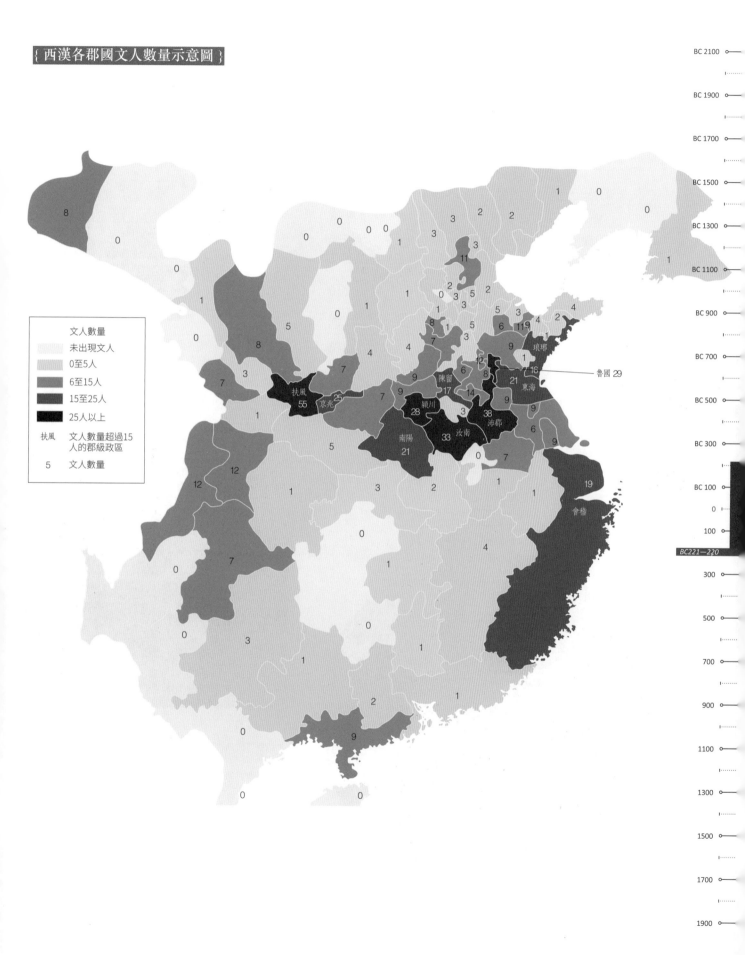

{ 西漢各郡國文人數量示意圖 }

文人數量
未出現文人
0至5人
6至15人
15至25人
25人以上

扶風　文人數量超過15
人的郡級政區

5　文人數量

扶風 55
京兆 25
潁川 28
南陽 21
汝南 33
沛郡 38
陳留 17
東海 21
琅琊
魯國 29
會稽 19

BC 2100
BC 1900
BC 1700
BC 1500
BC 1300
BC 1100
BC 900
BC 700
BC 500
BC 300
BC 100
0
100
BC221—220
300
500
700
900
1100
1300
1500
1700
1900

秦漢時期，受生產力發展水平的影響，民眾對一些事物的認識還是有較大局限性的。比如，秦漢人民較為重視的是陰陽五行與讖緯之說。陰陽可表示兩個相對立的概念，如白天與黑夜、遠與近等；五行是金木水火土五類。秦漢王朝的統治者往往會根據陰陽五行說為自己朝代的創立提供理論依據，從而顯示其正統與神祕性。而王莽新朝時期，更是大肆宣揚陰陽五行說以迷惑廣大民眾。東漢初期，統治者又把由陰陽五行說延伸而來的讖緯學說大力推廣，使其滲透到社會的每個角落。以鬼神觀念感受世間萬物，以陰陽五行影響社會發展，已成為秦漢民眾最為基礎的精神信仰。

{彩繪四方神陶壺}

這是西漢常見的隨葬明器，器身彩繪青龍、白虎、朱雀、玄武四方天神的形象

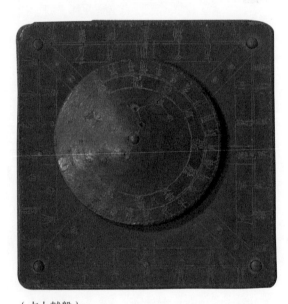

{占卜軾盤}

這是漢代神仙家的占卜用具，按照陰陽五行學說製成天盤和地盤，上面刻有天干、地支、星宿等內容。轉動天盤，推斷吉凶

{仙人神獸紋青銅鏡}

漢代器物的裝飾紋樣，多見仙人、異獸等內容

數字：六 八 七 五 九

五行：水 木 火 土 金

五帝：顓頊 太昊 炎帝 黃帝 少昊

祭祀：水井 門內 竈邊 內廷 外廷

方向：北 東 南 中 西

顏色：黑 綠 紅 黃 白

五音：呂 角 徵 宮 商

五德：禮 仁 智 信 義

器官：腎 脾 肺 心 肝

天干：壬癸 甲乙 丙丁 戊己 庚辛

神獸：玄武 青龍 朱雀 黃龍 白虎

星宿：水星 木星 火星 土星 金星

生物：介 鱗 羽 贏 毛

官員：大司寇 大司農 大司馬 大司空 大司徒

氣味：腐 騷 焦 香 臭

味道：鹹 酸 苦 甜 辣

季節：冬 春 夏 秋

BC 2100
BC 1900
BC 1700
BC 1500
BC 1300
BC 1100
BC 900
BC 700
BC 500
BC 300
BC 100
0
100
BC221-220
300
500
700
900
1100
1300
1500
1700
1900

【參考文獻】

【1】　《史記》，（漢）司馬遷撰，中華書局，2013 年。

【2】　《漢書》，（漢）班固撰，中華書局，1962 年。

【3】　《後漢書》，（南朝宋）范曄撰，中華書局，1965 年。

【4】　《兩漢社會性質問題及其他》，王思治著，三聯書店，1980 年。

【5】　《泰晤士世界歷史地圖集》，[英]巴勒克拉夫主編，三聯書店，1982 年。

【6】　《中國歷史地圖集》，譚其驤主編，中國地圖出版社，1982 年。

【7】　《中國栽培植物發展史》，李璠編著，科學出版社，1984 年。

【8】　《中國歷史圖説》，蘇振申編校，世新出版社，1984 年。

【9】　《秦漢社會文明》，林劍鳴、余華青、周天游、黃留珠著，西北大學出版社，1985 年。

【10】　《兩漢社會生活概述》，謝國楨著，陝西人民出版社，1985 年。

【11】　《我國古代的海上交通》，章巽著，商務印書館，1986 年。

【12】　《兩漢社會經濟發展史初探》，曾延偉著，中國社會科學出版社，1989 年。

【13】　《秦漢軍事制度史》，熊鐵基著，廣西人民出版社，1990 年。

【14】　《先秦兩漢經濟思想通史》，王珏琮、張華、鄭振華著，海洋出版社，1991 年。

【15】　《中國經濟思想通史》，趙靖主編，北京大學出版社，1991 年。

【16】　《劍橋中國秦漢史》，費正清主編，中國社會科學出版社，1992 年。

【17】　《秦漢史》，田昌五、安作璋主編，人民出版社，1993 年。

【18】　《中國通史・秦漢時期》，白壽彝主編，上海人民出版社，1995 年。

【19】　《中國史稿地圖集》，郭沫若主編、中國社會科學院歷史研究所編，中國地圖出版社，1996 年。

【20】　《兩漢時期的邊政與邊吏》，李大龍著，黑龍江教育出版社，1996 年。

【21】　《中國政治制度通史・秦漢卷》，白鋼主編，孟祥才著，人民出版社，1996 年。

【22】　《秦漢民族史》，田繼周著，四川民族出版社，1996 年。

【23】　《中國儒學史・秦漢卷》，李景明著，廣東教育出版社，1998 年。

【24】　《秦漢史》，翦伯贊著，北京大學出版社，1999 年。

【25】　《中華文明傳真・秦漢》，劉煒主編，上海辭書出版社，2001 年。

【26】　《秦漢史》，林劍鳴著，上海人民出版社，2003 年。

【27】　《秦漢的方士與儒生》，顧頡剛著，上海古籍出版社，2005 年。

【28】　《秦漢商品經濟研究》，黃今言著，人民出版社，2005 年。

【29】　《中國古代服飾研究》，沈從文編著，上海書店出版社，2005 年。

【30】　《秦漢官制史稿》，安作璋、熊鐵基著，齊魯書社，2007 年。

【31】　《圖説中外文化交流》，杜文玉、林興霞編著，世界圖書出版西安公司，2007 年。

【32】　《秦漢歷史地理與文化分區研究——以〈史記〉〈漢書〉〈方言〉為中心》，雷虹霽著，中央民族大學出版社，2007 年。

【33】　《中國文化故事》，李甲孚著，廣西師範大學出版社，2007 年。

【34】《中國歷史文化精解》，劉煒、張倩儀編著，上海錦繡文章出版社，2007年。

【35】《秦漢文化史》，熊鐵基著，東方出版中心，2007年。

【36】《中國思想學説史‧秦漢卷》，張豈之主編，廣西師範大學出版社，2007年。

【37】《中國文化史》，呂思勉著，海潮出版社，2008年。

【38】《周秦漢唐文明研究論集》，上海博物館編，上海古籍出版社，2008年。

【39】《漢代物質文化資料圖説》，孫機著，上海古籍出版社，2008年。

【40】《周秦漢唐歷史文化十八講》，田旭東著，陝西人民出版社，2008年。

【41】《秦漢社會生活四十講》，王凱旋著，九州出版社，2008年。

【42】《中國文明史》，[美]希諾考爾、布朗著，袁德良譯，羣言出版社，2008年。

【43】《文物秦漢史》，國家博物館編，中華書局，2009年。

【44】《中華文化讀本》，姜義華主編，上海人民出版社，2009年。

【45】《中國大一統‧秦皇漢武的奮鬥》，李勇強著，中華書局，2010年。

【46】《秦漢歷史文化研究》，徐衛民著，中國社會科學出版社，2010年。

【47】《中國考古學‧秦漢卷》，中國社會科學院考古研究所編著，中國社會科學出版社，2010年。

【48】《秦漢時期區域農業開發研究》，朱宏斌著，中國農業出版社，2010年。

【49】《秦漢魏晉史探微》，田餘慶著，中華書局，2011年。

【50】《秦漢與羅馬：帝國時代的倒影》，徐波主編，黃山書社，2011年。

【51】《中華文化史》，馮天瑜、何曉明、周積明著，上海人民出版社，2013年。

【52】《秦漢文學地理與文人分佈》，劉躍進著，中國社會科學出版社，2013年。

【53】《秦漢交通史稿》，王子今著，中國人民大學出版社，2013年。

【54】《始皇帝的遺產‧秦漢帝國》，[日]鶴間和幸著，馬彪譯，廣西師範大學出版社，2014年。

【55】《英雄時代：強盛的秦漢帝國》，馬兆峰編著，北京工業大學出版社，2014年。

【56】《中國古代物質文化》，孫機著，中華書局，2014年。

【57】《漢代考古學概説》，王仲殊著，外語教學與研究出版社，2014年。

【58】《秦漢史》，錢穆著，九州出版社，2015年。

【59】《從"天下"到"世界"：漢唐時期的中國與世界》，王永平著，中國社會科學出版社，2015年。

BC 2100

BC 1900

BC 1700

BC 1500

BC 1300

BC 1100

BC 900

BC 700

BC 500

BC 300

BC 100

0

100

BC221—220

300

500

700

900

1100

1300

1500

1700

1900

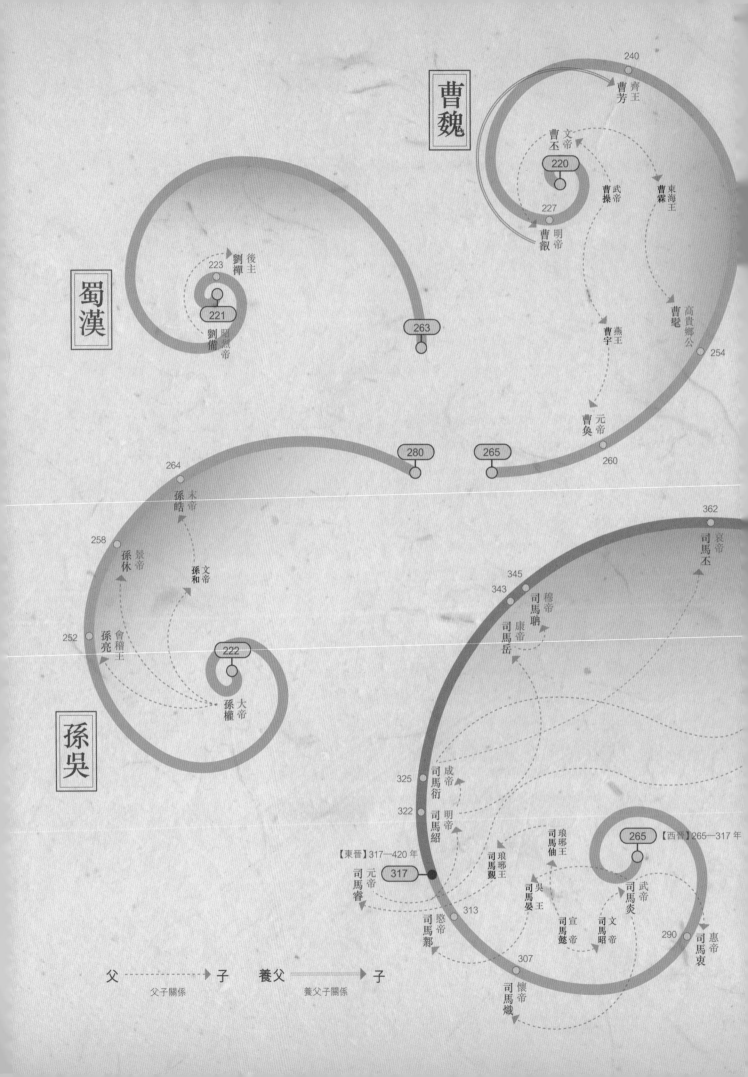

曹魏

240 齊王 曹芳
文帝 曹丕
220
武帝 曹操
227 明帝 曹叡
東海王 曹霖
高貴鄉公 曹髦
254
燕王 曹宇
元帝 曹奐
260
265

蜀漢

223 後主 劉禪
221
昭烈帝 劉備
263

孫吳

264 末帝 孫皓
258 景帝 孫休
文帝 孫和
252 會稽王 孫亮
222 大帝 孫權
280

362 哀帝 司馬丕
345 穆帝 司馬聃
343 康帝 司馬岳
325 成帝 司馬衍
322 明帝 司馬紹
【東晉】317—420 年
元帝 司馬睿 317
313 愍帝 司馬鄴
司馬覲 琅邪王
琅邪王 司馬觀
吳王 司馬晏
宣帝 司馬懿
307 懷帝 司馬熾
265 【西晉】265—317 年
武帝 司馬炎
文帝 司馬昭
290 惠帝 司馬衷

父 ┄┄▶ 子 （父子關係）　　養父 ──▶ 子 （養父子關係）

三國兩晉南北朝（220 — 589 年）介於秦漢
與隋唐兩個大一統時期之間，歷時近 400 年，除
了西晉的短暫統一，分裂、割據、混戰幾無間斷，
是一個名副其實的"亂世"。然而，混亂凋敝之
下，歷史的巨輪並非陷入泥淖停滯不前，而是在
迎接曙光。這一時期，國家的長期分裂為新的大
一統準備了條件，民族間的衝突為新的民族關係
的發展奠定了基礎；黃河中下游核心地帶的經濟
生產雖遭到反覆破壞，但北方邊疆與南方廣大地
區卻得到了前所未有的開發；傳統儒學名教的地
位受到衝擊，以老、莊、易為主體內容的玄學思
想愈發流行；域外文化的大量傳入也為中原文化
乃至中華文明增添了華彩。

　　總的來説，這是一個黑暗與光明交織的時
代，中華民族在大分裂的劇痛中，始終堅持的，
是在尋找凝聚發展的出路。

晉

三國兩晉南北朝

亂世華彩
融合新生

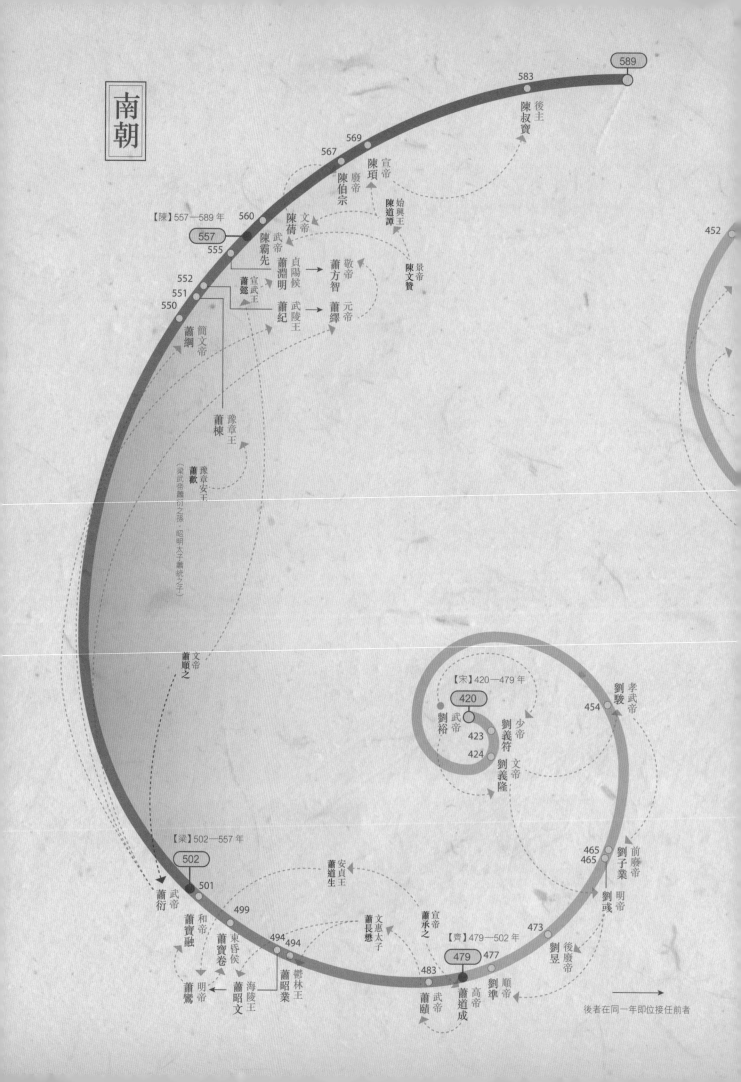

南朝

589
583
後主
陳叔寶

569
567
宣帝
陳頊
廢帝
陳伯宗

始興王
陳道譚

景帝
陳蒨

【陳】557—589年　560
557
555
文帝
陳蒨
武帝
陳霸先
宣武王
蕭懿
貞陽侯
蕭淵明
敬帝
蕭方智
陳文贊

552
551
550
武陵王
蕭紀
元帝
蕭繹

簡文帝
蕭綱

452

豫章王
蕭棟

豫章安王
蕭歡
(梁武帝蕭衍之孫，昭明太子蕭統之子)

文帝
蕭順之

【宋】420—479年
420
武帝
劉裕
423
424
少帝
劉義符
文帝
劉義隆

孝武帝
劉駿
454

安貞王
蕭道生

【梁】502—557年
502
501
武帝
蕭衍
和帝
蕭寶融
499
東昏侯
蕭寶卷
494　494
鬱林王
蕭昭業
海陵王
蕭昭文
明帝
蕭鸞

文惠太子
蕭長懋

宣帝
蕭承之
【齊】479—502年
479　477
高帝
蕭道成
483
武帝
蕭賾
順帝
劉準
劉昱
後廢帝
473
劉昱

465
465
前廢帝
劉子業
明帝
劉彧

後者在同一年即位接任前者

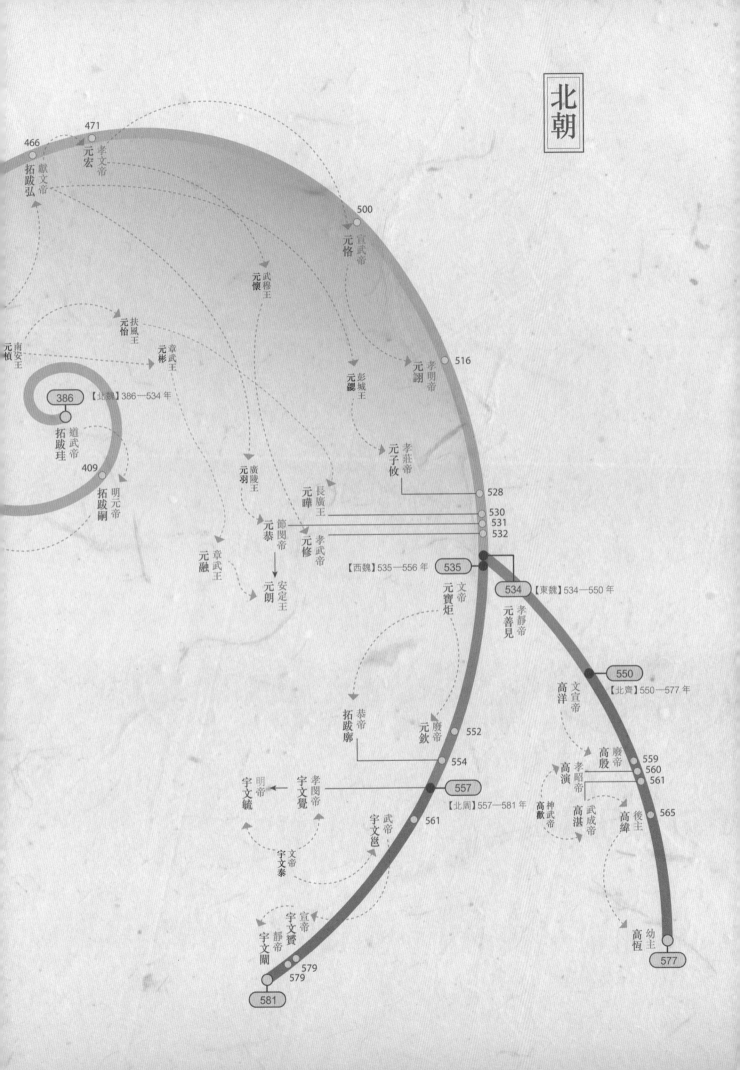

北朝

【北魏】386—534 年

386 道武帝 拓跋珪
409 明元帝 拓跋嗣
466 獻文帝 拓跋弘
471 孝文帝 元宏
500 宣武帝 元恪
元懷 武穆王
元彭城王 元勰
516 孝明帝 元詡
元孝莊帝 元子攸
元南安王 元禎
元扶風王 元怡
元章武王 元彬
元廣陵王 元羽
元長廣王 元曄
528
530
531
532
節閔帝 元恭
孝武帝 元修
元章武王 元融
安定王 元朗

【西魏】535—556 年
535 文帝 元寶炬
恭帝 拓跋廓
廢帝 元欽
552
554

【東魏】534—550 年
534 孝靜帝 元善見

557 【北周】557—581 年
孝閔帝 宇文覺
明帝 宇文毓
孝武帝 宇文泰
561 武帝 宇文邕
宣帝 宇文贇
靜帝 宇文闡
579
579
581

【北齊】550—577 年
550 文宣帝 高洋
孝昭帝 高演
廢帝 高殷
559
560
561
神武帝 高歡
武成帝 高湛
後主 高緯
565
幼主 高恆
577

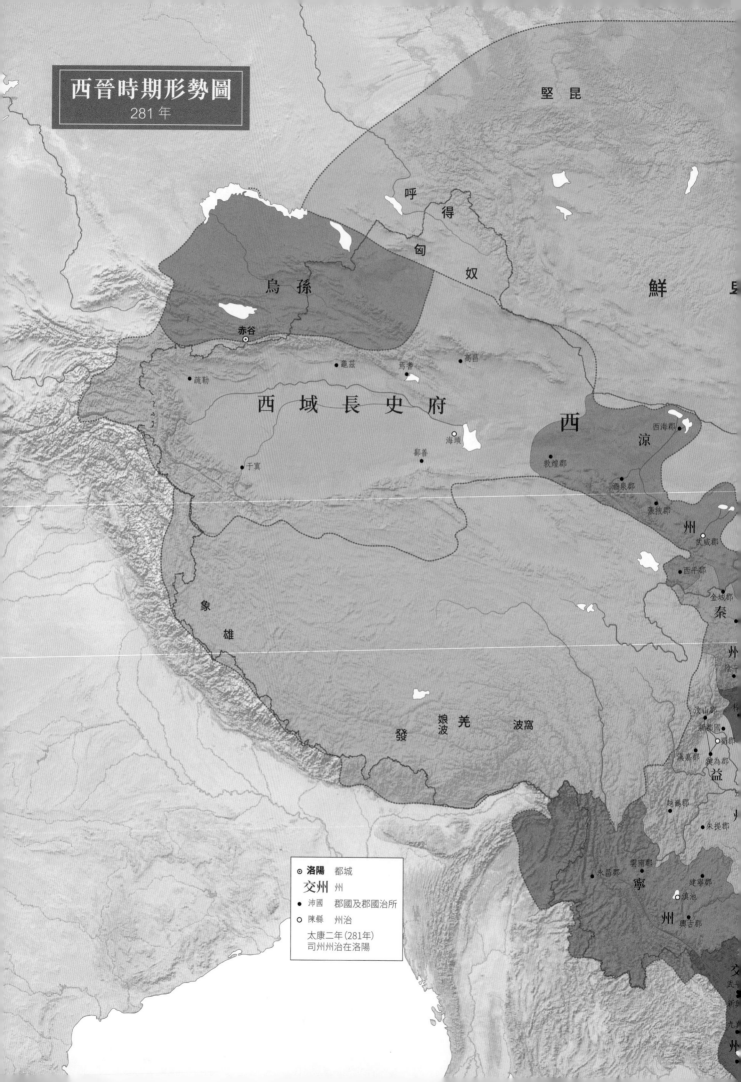

西晉時期形勢圖
281年

堅昆

呼
得

匈
奴

鮮卑

烏孫

赤谷◎

疏勒

龜茲　焉耆　高昌

西　域　長　史　府

西　涼

西海郡

敦煌郡

海頭○

于闐

鄯善

酒泉郡

張掖郡

涼
州

武威郡

西平郡

金城郡

秦
州

象
雄

發　娘波羌　波窩

汶山郡

新都國

蜀國

漢嘉郡

犍為郡

益
州

越巂郡

朱提郡

雲南郡

寧
州

永昌郡

建寧郡

滇池

州

興古郡

交州

◎洛陽　都城
交州　州
● 沛國　郡國及郡國治所
○ 陳縣　州治
太康二年（281年）
司州州治在洛陽

零

汗
漫
挹

寇

夫
婁

餘
高句麗

跋 鮮 卑
東 平 高句麗
部 州 昌黎郡 九都
鮮 玄菟郡
盛樂 卑 遼東國
廣寧郡 上谷郡 漁陽郡 濊
毛 胡 幽 代郡 北平郡 樂浪郡 貊
州 燕國 帶方郡
國 范陽國
雁門郡
并 中山國
新興郡 冀 河間郡 三 韓
太原國 州 勃海郡
西河郡 樂平國 趙國 安平郡 青
平陽郡 上黨郡 廣平郡 清河國 平原國 樂安郡 州
魏郡 南皮郡 北海郡
司 頓丘郡 濟陰國 兗 東平國 東莞郡 廣陵郡
州 河東郡 內郡 梁國 州 琅琊國
州 洛陽 榮陽郡 陳留國 彭城國 東海郡
北地郡 弘農郡 潁川郡 陳縣 譙國 沛國 下邳郡 徐
州 京兆郡 豫 汝陰郡 臨淮郡 州
上洛郡 南鄉郡 南陽郡 汝南國 淮南郡 廣陵郡
魏興郡 晉 義陽國 安豐郡 揚 毗陵郡
上庸郡 襄陽郡 弋陽郡 廬江郡 丹陽郡 吳郡
新城郡 江夏郡 州 吳興郡
巴東郡 荊 新安郡 會稽郡
建平郡 南郡 武昌郡 州 東陽郡
宜都郡 鄱陽郡 臨海郡
武陵郡 豫章郡 州
陵郡 長沙郡 臨川郡
州 衡陽郡 安成郡 廬陵郡 建安郡
邵陵郡 湘東郡
零陵郡 桂陽郡
始安郡
廣 桂林郡 臨賀郡 始興郡
蒼梧郡
鬱林郡 州 南海郡
高涼郡
合浦郡
朱崖洲

夷洲

廣 州
交 夷洲
交阯郡
九真郡
州 朱崖洲

夷洲

南海

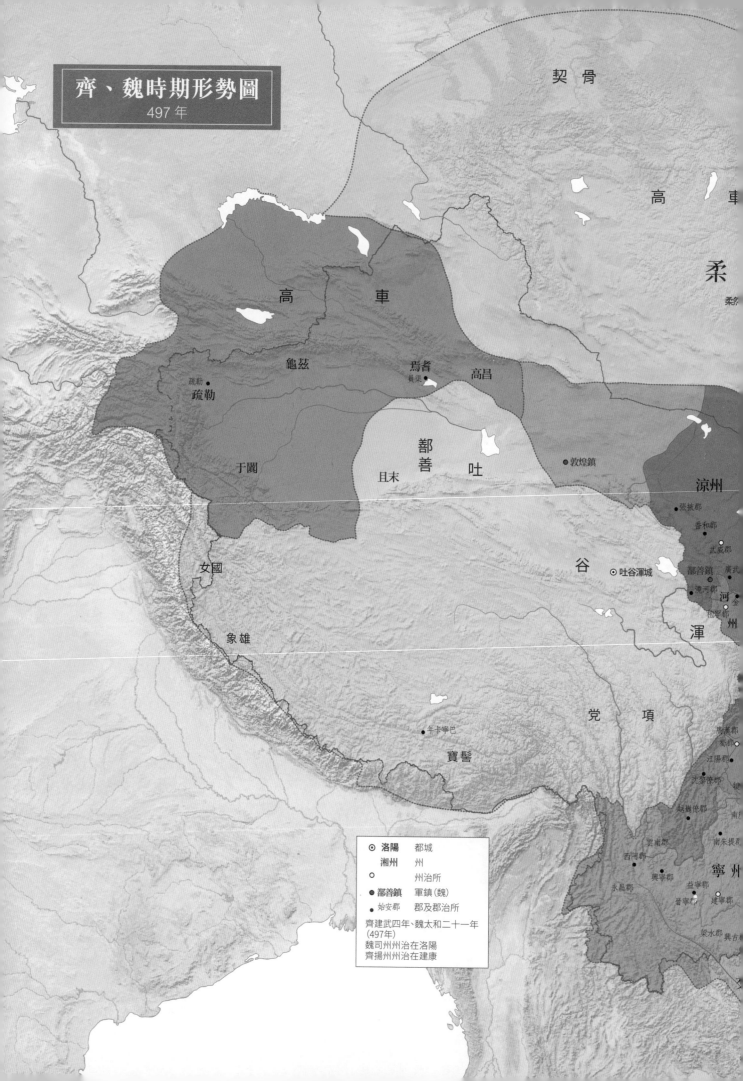

齊、魏時期形勢圖
497 年

契骨

高 車

柔

然

高 車

龜茲

焉耆 高昌

疏勒
疏勒

鄯 善

于闐

且末 吐

敦煌鎮

涼州
張掖郡
番和郡
武威郡
鄯善鎮 廣武
澆河郡 河
金
州
渾

谷

吐谷渾城

女國

象雄

黨 項

年卡寧巴

寶髻

廣漢郡
鄳郡
江陽郡
汝墨僚郡
越嶲僚郡
雲南郡
西河郡
寧 州
興寧郡
南朱提郡
永昌郡
益寧郡
建寧郡
晉寧郡
梁水郡

⊙ 洛陽　　都城
湘州　　州
○　　　　州治所
● 鄯善鎮　軍鎮（魏）
● 始安郡　郡及郡治所

齊建武四年、魏太和二十一年
（497年）
魏司州州治在洛陽
齊揚州州治在建康

敕　勒）

失

豆

勿

烏
洛
侯

韋

莫
婁

吉

地豆于

庫
莫
奚

契　丹

昌黎郡

高

句

撫冥鎮　　　　營
　　懷荒鎮　禦夷鎮
柔玄鎮　　　　廣陽郡
　　懷朔鎮　　上谷郡　安
沃野鎮　武川鎮　　　廣寧郡　平　州
懷朔鎮　　　　燕州　　遼西郡
　　　朔　　代郡　　　州
　　代名郡　雲中郡　　　燕州　漁陽郡　幽　州

麗

平壤

魏

西安州
大興郡

恆州

中山

化政郡
夏州

離石鎮
西河鎮

肆州

定州
太原郡
廣平郡

南趙郡

河間郡

樂陵郡

瀛

州

渤海郡

関州

朔方郡

汾

州

并
州

相

清河郡

濟

齊州

光州

東萊郡

青州

東秦州

趙興郡
中部郡

雍

京兆郡

華州

河東郡
恆農郡

司

河內郡

洛陽

魏郡
汲郡

州

泰山郡

南

青

州

長安州

洛州

上洛郡

荊州

潁川郡

梁郡

琅邪郡

東平郡

北海郡

1南徐州(魏)
2北兗州(齊)
3南兗州(魏)
4東豫州(魏)
5東荊州(魏)
6青州(齊)

泰州

安康郡
北上洛郡

南陽郡

扶風郡

州

襄城郡

豫　州

陳留郡

南濟陰郡

徐

州

冀

州

山陽郡

1

2

鰼化郡
巴渠郡

南新城郡

雍

州

司

北義陽郡

4

3

北

南兗州

廣陵郡

長郡

荊

州

宣都郡
天門郡

安陸郡

盧江郡

南

晉熙郡

5

6

南

鍾離郡

徐

州

東海郡

建康

南徐州

吳郡

渠像郡

涔陵郡

武陵郡

州

南郡

江夏郡

巴陵郡

州

州

湘

長沙郡

新蔡郡

豫

州

宣城郡

豫

州

吳興郡

晉陵郡

揚

州

荊

州

齊

州

長沙郡

臨川郡

邵陵郡

湘東郡

建安郡

盧陵郡

南康郡

州

新安郡

東陽郡

臨海郡

永嘉郡

晉安郡

江

州

夷洲

西犂牁郡

始安郡

臨賀郡

桂陽郡

始興郡

州

義安郡

廣

晉興郡

鬱林郡

蒼梧郡

州

南海郡

東官郡

臨漳郡

高涼郡

新會郡

越

州

晉康郡

朱崖洲

廣

州

越

州

夷洲

廣

交

州

朱崖洲

夷洲

南海

壹 大分裂、大遷移與大融合

◎ 三國鼎立　◎ 西晉的短暫統一與 "八王之亂"　◎ 十六國與北朝的政權更迭
◎ 南朝各代的更替　◎ 高句麗政權的發展　◎ 都城之貌

三國兩晉南北朝時期，中原地區人口眾多、經濟發達，這裏既是漢族政權爭奪的重要戰場，也是北方少數民族南侵的大前方。所以從漢末軍閥混戰到東晉十六國，再到南北朝，北方政局多數時間處於動盪之中。而南方戰亂較少，相對穩定，導致了中原人口大量南遷。這一時期，南北方的軍事、政治博弈從未間斷，雙方都企圖吞併對方，而在北強南弱的形勢下，南方雖然較為被動，但往往能以少勝多，從而長時期維持了南北分裂、相互制衡的狀態。

三國鼎立

東漢中期以後，自然災害頻仍，中原大地餓殍遍地、民不聊生。同時，統治階層的政治鬥爭致使朝綱混亂、政局動盪。自漢順帝始，各地每年都會發生大大小小的民變。漢靈帝中平元年 (184 年)，太平道徒眾在張角的帶領下，於冀州、南陽等地發動起義，因起義軍頭裹黃巾，故被稱為 "黃巾起義"。

黃巾軍以 "蒼天已死，黃天當立" 為口號，揭竿而起，形成了聲勢浩大的全國性農民運動。但隨着張角的病逝與朝廷的全力鎮壓，"黃巾起義" 很快被平定了。

然而，"黃巾起義" 的平息並未使時局安定，外戚、宦官之間的政治鬥爭持續上演，統治集團內部的矛盾進一步激化，權力爭奪愈演愈烈。中平六年 (189 年)，外戚何進因密謀誅滅宦官的行動泄露而被宦官誘殺，何進的部下袁紹藉機帶兵入宮，將 2000 多名宦官全部殺掉，肅清了把持大權、壟斷東漢朝政的宦官勢力。從此，外戚與宦官兩敗俱傷，而 "駐兵河東，以觀時變" 的董卓趁亂向洛陽進軍，廢少帝而立獻帝，自任相國，直接掌握了政權。董卓的暴政引發了朝野上下和地方的強烈不滿，以袁紹為首的諸多地方割據勢力紛紛起兵討伐董卓。初平三年 (192 年)，司徒王允與董卓部下呂布合謀刺殺董卓，而在討伐董卓的過程中，各地割據集團紛紛藉機壯大實力，致使東漢末年的政局變得更加撲朔迷離。

"自董卓以來，豪傑並起，跨州連郡者不可勝數"，是時全國各地羣雄並起、割據混戰。其中袁紹佔據冀、青、并三州，曹操佔據兗、豫二州，公孫瓚佔據幽州，陶謙佔據徐州，袁術佔據揚州，劉表佔據荊州，孫策

{漢末羣雄割據示意圖}

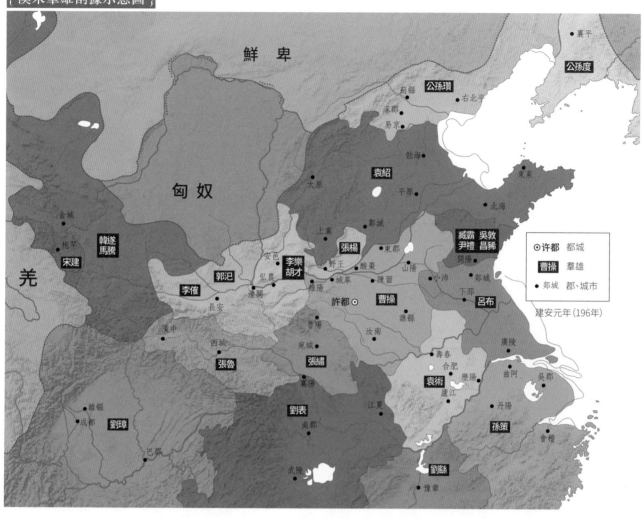

鮮卑

匈奴

羌

公孫度

襄平

公孫瓚

薊縣

右北平

涿郡

易京

勃海

東萊

袁紹

大原

平原

北海

金城

上黨

郭城

韓遂
馬騰

宋建

張楊

東郡

山陽

臧霸　吳敦
尹禮　昌豨
開陽

枹罕

安邑

李樂
胡才

野王

酸棗

陳留

小沛

弘農

城皋

郯城

郭汜

李傕

澠池

雒陽

許都 ⊙

曹操

下邳

呂布

長安

魯陽

譙縣

汝南

⊙許都　都城

曹操　羣雄

● 郯城　郡、城市

建安元年 (196年)

漢中

西城

宛城

張繡

廣陵

張魯

襄陽

壽春
合肥
歷陽
廬江

曲阿

吳郡

雒縣

成都

劉璋

袁術

丹陽

劉表

江夏

南郡

孫策

會稽

巴郡

武陵

劉繇

豫章

佔據江東，劉焉佔據益州，韓遂、馬騰佔據涼州，公孫度佔據遼東。經過十幾年的相互攻伐，北方逐漸形成了袁紹、曹操兩大集團對峙爭鋒的局面。

曹操本來與袁紹同屬何進陣營，後因 "奉天子以令不臣，修耕植，畜軍資"，勢力迅速壯大，形成 "挾天子以令諸侯" 之勢。

建安四年 (199 年)，袁紹滅公孫瓚後，勢力範圍地跨青、冀、并、幽四州，遂籌劃兼併曹操控制的黃河中下游地區，殲滅曹操勢力。建安五年 (200 年)，袁、曹雙方在官渡 (今河南中牟縣東北) 展開決戰。袁

{ 夫妻對坐圖 }

從東漢至三國曹魏時期，公孫氏一直統治遼東及遼西郡。這幅壁畫就出自公孫家族的墓葬，可見帷幔、坐榻、短几、炭爐等陳設，反映了當時名門望族的真實生活

BC 2100

BC 1900

BC 1700

BC 1500

BC 1300

BC 1100

BC 900

BC 700

BC 500

BC 300

BC 100

0

100

300

500

220—589

700

900

1100

1300

1500

1700

1900

紹出兵十萬，達曹軍五倍之多，雙方眾寡懸殊。但是曹軍指揮有方，戰術靈活，或聲東擊西，或以退為進。雙方相持中，曹操突襲袁軍屯糧之地烏巢，袁軍損失慘重，軍心大亂，曹操又趁勢大破袁紹主力，這就是歷史上以弱勝強的著名戰役——官渡之戰。建安七年（202 年），敗退的袁紹憂憤而終，曹操很快肅清了袁紹的殘餘勢力，基本統一了北方。

曹操統一北方後，佔據江東六郡的孫權與勢力不斷擴充的劉備成了曹操統一全國的主要障礙。

"三國鼎立"之勢的奠定，源於著名的赤壁之戰（赤壁位於今湖北赤壁市）。建安十三年（208 年），曹操欲統一天下，親自率軍南下。在收編劉表部眾之後，號稱八十萬（實際有二十餘萬）大軍，向長江推進。劉備在長阪坡（位於今湖北當陽市）被曹軍大敗，遂派諸葛亮遊說孫權結盟聯合抗曹。孫權命周瑜為都督，統率三萬水軍，會同劉備與劉表

{官渡之戰示意圖}

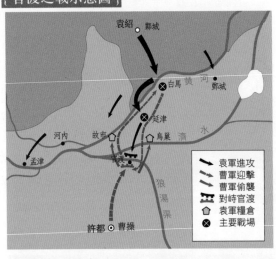

{赤壁之戰示意圖}

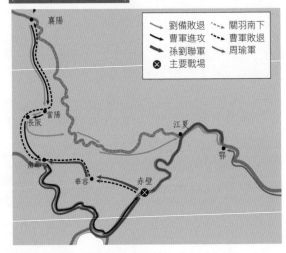

{官渡古戰場}

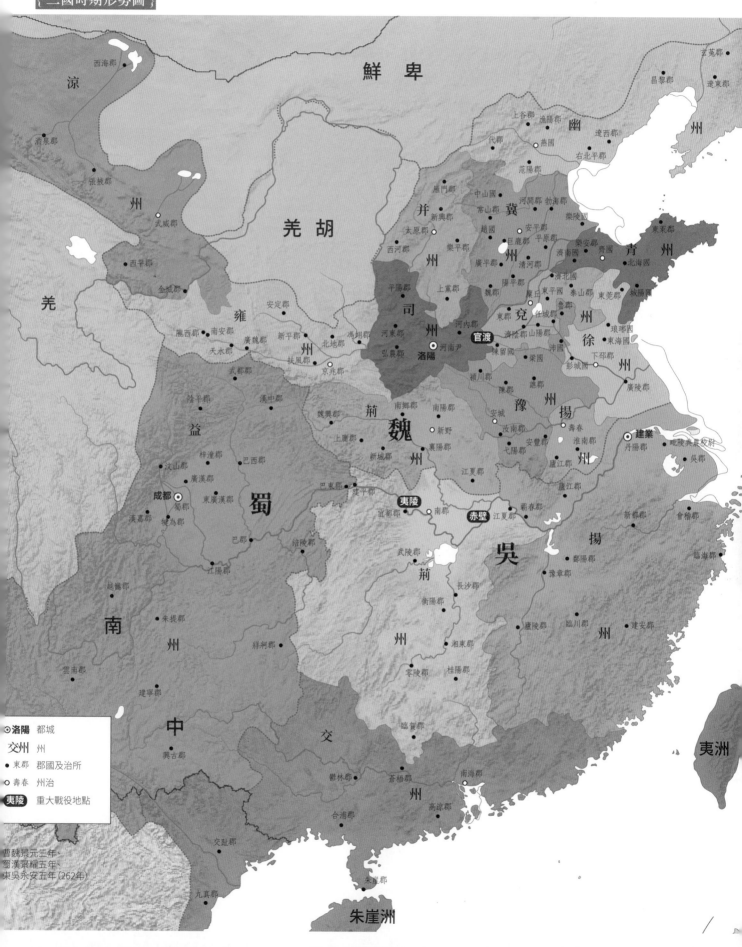

{三國時期形勢圖}

鮮卑

涼　州
西海郡
張掖郡
武威郡
西平郡
金城郡

羌胡

羌

玄菟郡
昌黎郡　遼東郡
州

幽　州
上谷郡　漁陽郡
代郡　燕國
范陽郡　右北平郡
雁門郡
并　州　中山國　河間郡　勃海郡
新興郡　常山郡　樂陵國
太原郡　趙國　冀　州
西河郡　樂平郡　廣平郡　安平郡　平原郡　樂安國　齊國　青　州
上黨郡　魏郡　清河郡　濟南國　東萊郡
司　州　河內郡　東郡　州　陽平郡　濟北國　泰山郡　北海國
平陽郡　河南尹　官渡　鄄城　兗　州　東莞郡　城陽郡
弘農郡　洛陽　河南郡　濟陰郡　山陽郡　魯國　徐　州
陳留國　梁國　沛國　琅琊國
穎川郡　陳郡　譙郡　州　彭城國　東海郡
安城　汝南郡　下邳郡
南陽郡　安豐郡　廣陵郡
豫　州　壽春　揚
新野　淮南郡　建業
安定郡　新平郡　北地郡　南鄉郡　廬江郡　毗陵典農校尉
隴西郡　南安郡　馮翊郡　襄陽郡　州　丹陽郡　吳郡
天水郡　扶風郡　京兆郡　江夏郡
武都郡
雍　州　魏興郡　荊　州
陰平郡　漢中郡　上庸郡　魏　州
益　州　巴西郡　新城郡　夷陵　新都郡　會稽郡
梓潼郡　巴東郡　建平郡　宜都郡　赤壁　江夏郡　揚
汶山郡　廣漢郡　南郡
成都　蜀郡　東廣漢郡　蜀　巴郡　武陵郡　吳　都陽郡　臨海郡
漢嘉郡　涪陵郡　荊　豫章郡
犍為郡　江陽郡　長沙郡　廬陵郡　臨川郡　建安郡
越嶲郡　衡陽郡　州
南　朱提郡　湘東郡
州　牂柯郡　零陵郡　桂陽郡
雲南郡　中　交
建寧郡　臨賀郡

洛陽　都城
交州　州
東郡　郡國及治所
壽春　州治
夷陵　重大戰役地點

曹魏景元三年、
蜀漢景耀五年、
東吳永安五年(262年)

興古郡
鬱林郡　蒼梧郡
州　南海郡
高涼郡

夷洲

交趾郡
合浦郡

朱崖洲
九真郡

朱崖洲

長子劉琦的兩萬人馬，溯江西上與二十餘萬曹軍對峙於長江南岸的赤壁。曹操的軍隊雖然在數量上佔有絕對優勢，但由於長期征戰而疲憊不堪，加之兵士以北方人居多，不服南方水土，也不習水戰，戰鬥力大為削弱。周瑜乘東南風之便，火攻曹營，燒毀曹軍的全部戰船，曹軍大敗。這場為人們津津樂道的戰役，決定了天下三分的形勢。

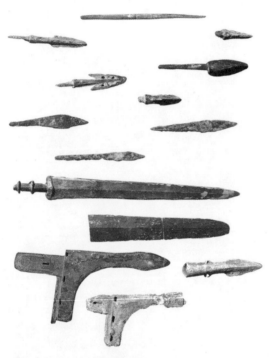

{ 赤壁出土的三國時箭簇和戈劍 }

赤壁之戰後，曹操深知孫、劉勢力日益強大，自己一時無法征服南方，統一全國，便休整軍隊、主營北方。建安二十五年（220年），曹操病死，其子曹丕即廢漢獻帝而自立為帝，改國號為魏，史稱"曹魏"，建都洛陽。

劉備在赤壁之戰後，先佔了荊州（實有長江以南的武陵、長沙、桂陽、零陵四郡），後又率軍進入益州，益州牧劉焉之子劉璋投降，劉備自稱益州牧。建安二十四年（219年），劉備又奪取漢中，自稱漢中王。章武元年（221年），劉備稱帝，國號漢，建都成都，史稱"蜀漢"。

孫權在赤壁之戰後，繼續鞏固他在江南的統治，又向南進軍，將勢力擴展到交州。219年，孫權乘關羽北上與曹軍作戰之機，命呂蒙乘虛而入截殺關羽，奪得荊州，這就是著名的"大意失荊州"。曹丕稱帝後，孫權於次年稱吳王。221年，劉備親率大軍討伐孫權，孫權任陸遜為大都督，率五萬士卒，以逸待勞，在夷陵（今湖北宜昌）大敗蜀軍，史稱夷陵之戰。229年，孫權稱帝，國號吳，建都建業（今南京），史稱"孫吳"或"東吳"。

赤壁之戰後，三足鼎立之勢基本形成，而夷陵之戰後，魏、蜀、吳三國疆域基本奠定，天下三分，實現了局部統一，這是東漢末年以來由分崩離析、割據混戰走向統一的重要歷史步驟。

{ 四川奉節白帝城白帝廟山門 }
夷陵慘敗後，劉備病逝於白帝城，並在白帝城托孤諸葛亮

西晉的短暫統一與"八王之亂"

在三國鼎立的局面中，蜀國力量一直相對較弱，為了在曹魏和東吳的夾縫中求生存，諸葛亮交好吳國，並以攻為守，平定南中之後又進軍五丈原（在今陝西岐山縣南），與魏對峙，最後病死軍中，蜀軍撤退。諸葛亮去世後，蜀國國力日蹙，屢次伐魏均無進展。263年，曹魏派鄧艾、鍾會率軍進入漢中，直逼成都，劉禪投降，蜀亡。

{ 石頭城城牆上望 / 石頭城遺跡 }

石頭城因清涼山、長江為城池，建築於山岩之上，是建業（南京）西面最重要的軍事堡壘。其磚牆可見部分厚達12層，高5.5米

{ 四川廣元棧道 }

這時保存至今的一段古蜀道，可一窺當時蜀道之險

曹魏後期，司馬懿專權，其子司馬昭於263年被封為晉王。265年，司馬昭病死，其子司馬炎繼位晉王，廢曹奐自立，是為晉武帝，國號晉，史稱"西晉"。279年，晉調六路大軍共二十餘萬人伐吳，次年三月，水師逼近建業的石頭城，孫皓被迫投降，吳亡。自董卓之亂後持續了90餘年的分裂割據局面又歸於統一。

> 王濬樓船下益州，金陵王氣黯然收。
> 千尋鐵鎖沉江底，一片降幡出石頭。
> 人世幾回傷往事，山形依舊枕寒流。
> 今逢四海為家日，故壘蕭蕭蘆荻秋。
> ——劉禹錫《西塞山懷古》

好景不長，290年晉武帝死後，其子司馬衷即位，是為惠帝。惠帝愚昧無能，由外戚楊駿輔政。惠帝皇后賈南風有政治野心，為了掌權，即召都督荊州諸軍事的楚王司馬瑋入京，誅殺楊駿，這是"八王之亂"的開始。

楊駿死後，朝廷推舉汝南王司馬亮和元老衛瓘共同輔政。賈后因仍未掌權，心中不甘，讓惠帝密令司馬瑋殺掉司馬亮和衛瓘，又以"擅殺"的罪名殺掉司馬瑋，自此奪得實權。趙王司馬倫因為不滿皇太子司馬遹被賈后廢黜，又捕殺賈后，廢惠帝而自立。齊王司馬冏、成都王司馬穎、河間王司馬顒，

BC 2100
BC 1900
BC 1700
BC 1500
BC 1300
BC 1100
BC 900
BC 700
BC 500
BC 300
BC 100
0
100

300

500
220—589
700

900

1100

1300

1500

1700

1900

{西晉滅吳示意圖}

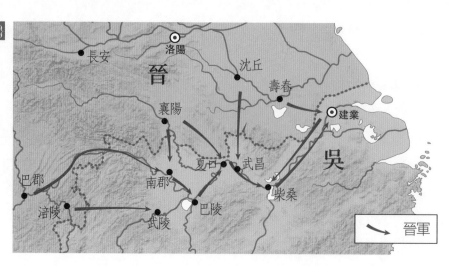

{"八王之亂"示意圖}

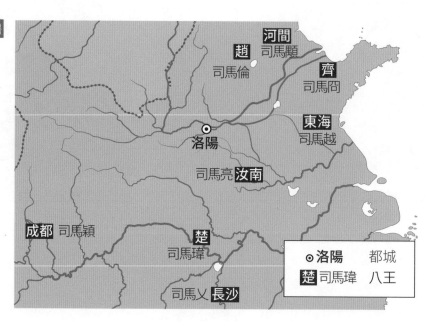

在許昌、鄴、關中，相繼起兵討伐司馬倫。於是戰火從洛陽迅速燃遍黃河南北和關中地區，各地割據混戰，傷亡慘重。"八王之亂"是一場大破壞、大動亂，加之天災不斷、瘟疫流行，致使人民流離失所、怨聲載道。東海王司馬越於永興三年（306年）毒死惠帝，另立司馬熾為帝，是為懷帝，前後混戰了16年的"八王之亂"至此結束。

從東漢到三國的兩個多世紀裏，北方少數民族不斷向南遷徙，與中原的聯繫日益密切。曹魏時匈奴居住在陝西北部和山西中部一帶，西晉時期遷居到山西汾水流域定居，羯也被看作是匈奴的分支，居住在山西一帶，他們中的部分人員進行農耕活動，其他則保留了原本的生活習俗。鮮卑族居住在遼河上游到河北一帶以及山西北部，氐族、羌族也在陝西、甘肅地區定居。

內遷的少數民族匈奴、羯、氐、羌、鮮

118

卑等飽受官員、地主的剝削和奴役，生活十分困苦，"八王之亂"期間他們又多被利用來爭戰，傷亡慘重，故不斷發動武力反抗。到晉懷帝永嘉年間（307—313年），終於導致民族矛盾激化，爆發了"永嘉之亂"。304年，劉淵繼承匈奴大單于汗位，成為首領，他以"漢"為國號建立政權，於309年定都平陽（今山西臨汾）。310年，劉淵去世，其子劉聰繼位，派石勒和劉曜出兵，連續攻破洛陽、長安，俘虜晉懷帝、愍帝，西晉滅亡。

十六國與北朝的政權更迭

西晉滅亡後，黃河流域的廣大地區成為北方各族爭奪的戰場，他們建立的主要政權有一成、二趙、三秦、四燕、五涼、一夏，史稱"十六國"。

這一時期的戰爭十分殘酷，京師洛陽變為一片瓦礫，漢族官民紛紛南逃，史稱"永嘉南渡"。317年，南渡的北方士族首領擁立西晉皇族司馬睿繼位，是為元帝，建都建康（今江蘇南京），史稱"東晉"。東晉建立前期，曾多次出兵北伐，最重要的是祖逖和桓溫的北伐。

桓溫北伐，是東晉將領桓溫分別於永和十年（354年）、永和十二年（356年）及太和四年（369年）發動的北伐戰役。但除了第二次北伐成功收復洛陽外，其餘兩次皆被擊退，成效不大。桓溫死後，東晉的北伐行動亦暫告一段落。

這一時期，氐族以長安以西的武都、略陽為根據地，勢力不斷增強，建立了前秦政權，定都長安。符堅即位後，採取了一系列積極的政治、經濟、文化政策，鞏固、壯大了前秦政權。

{晉歸義氐王金印}

"歸義"是歸順的意思，這是西晉朝廷頒給歸順於朝廷的氐等少數民族首領的印信

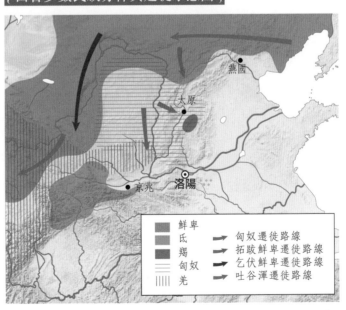

{西晉少數民族分佈與遷徙示意圖}

燕國
太原
京兆
洛陽

鮮卑
氐
羯
匈奴
羌

匈奴遷徙路線
拓跋鮮卑遷徙路線
乞伏鮮卑遷徙路線
吐谷渾遷徙路線

BC 2100
BC 1900
BC 1700
BC 1500
BC 1300
BC 1100
BC 900
BC 700
BC 500
BC 300
BC 100
0
100
300
500
220—589
700
900
1100
1300
1500
1700
1900

382 年，前秦基本統一了北方。383 年，苻堅集結 80 餘萬大軍南下，意圖滅掉東晉，統一天下。東晉以謝安之弟謝石為征討大都督，以謝玄為前鋒都督，率北府兵八萬人迎擊前秦軍。"淝水之戰"爆發，最終，東晉勝利，收復了徐、兗、青、司、豫、梁六州，穩定了東晉在南方的統治。

淝水之戰後，前秦迅速衰亡，北方短暫的統一局面很快瓦解，再度陷入混亂之中。439 年，北魏太武帝實現了北方的統一，開始了北朝時期，結束了自西晉末年以來 120 餘年的混亂局勢，北方的社會經濟才得以復蘇，並與南方政權形成長期對峙的局面。到了北魏孝文帝時期，為了鞏固統治，推行了大規模的漢化和改革。

孝文帝在位期間，從平城（今山西大同）遷都洛陽，改革官制，頒行均田，整頓戶籍租賦，內平叛亂，南伐蕭齊，國勢大盛。其子宣武帝承繼父志，在屬行改革的基礎上，北擊柔然，西取巴蜀，南併荊揚之地，赫然有一統之勢。但其在位後期，權臣秉國，朝政腐朽，及至孝明帝即位，太后擅權亂政，招致爾朱榮之亂，北魏政權土崩瓦解。其間崛起的武將勢力宇文泰、高歡等，相繼擁立孝文帝後代為傀儡，分裂政權，史稱西魏、東魏。未久，宇文氏、高氏先後踐祚自立，建立了北周、北齊，兩國長年積戰，直到 560 年北周武帝宇文邕繼位後，多行改革，國力日盛，終於滅北齊而再度統一北方，為後來隋的建立和南北一統打下了堅實基礎。

{ 十六國簡表 }

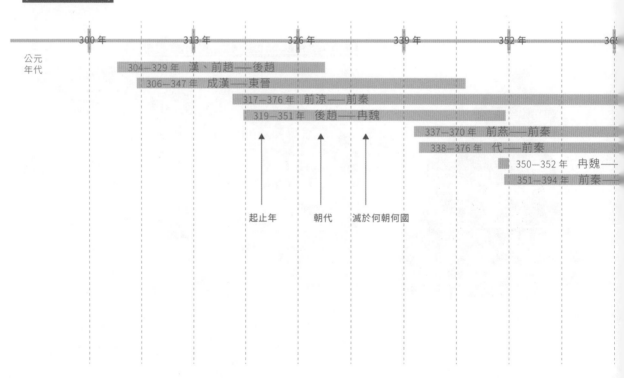

	300 年		313 年		326 年		339 年		352 年		36
公元年代

304—329 年　漢、前趙——後趙
306—347 年　成漢——東晉
317—376 年　前涼——前秦
319—351 年　後趙——冉魏
337—370 年　前燕——前秦
338—376 年　代——前秦
350—352 年　冉魏——
351—394 年　前秦——

起止年　　朝代　　滅於何朝何國

淝水之戰是中國歷史上著名的以少勝多戰例。成語"風聲鶴唳,草木皆兵""投鞭斷流"都典出於此

【北魏遷都示意圖】

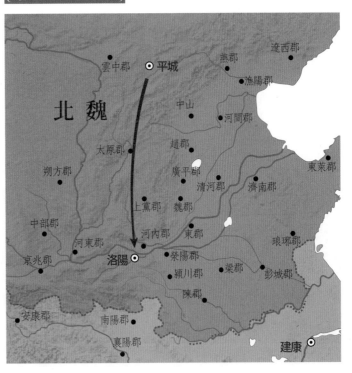

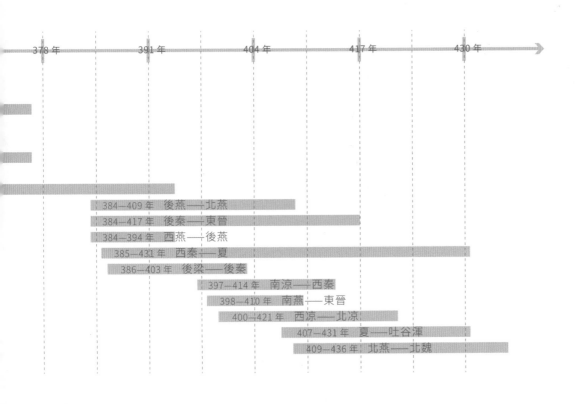

378 年　　391 年　　404 年　　417 年　　430 年

384—409 年　後燕——北燕
384—417 年　後秦——東晉
384—394 年　西燕——後燕
385—431 年　西秦——夏
386—403 年　後梁——後秦
397—414 年　南涼——西秦
398—410 年　南燕——東晉
400—421 年　西涼——北涼
407—431 年　夏——吐谷渾
409—436 年　北燕——北魏

BC 2100
BC 1900
BC 1700
BC 1500
BC 1300
BC 1100
BC 900
BC 700
BC 500
BC 300
BC 100
0
100
300
500
220—589
700
900
1100
1300
1500
1700
1900

{鮮卑武裝重裝甲馬作戰圖}
這幅敦煌的西魏壁畫，展示了鮮卑鐵騎的形象和威力

籍貫改為"洛陽"
姓氏改為"元"

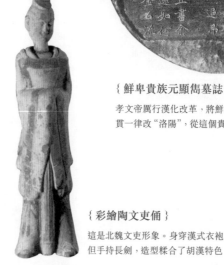

{鮮卑貴族元顯儁墓誌}
孝文帝厲行漢化改革，將鮮卑皇室的姓氏"拓拔"一律改姓"元"，籍貫一律改"洛陽"，從這個貴族的墓誌中可見一斑

{銅虎符}
出土於平城的兵符，製作於北魏道武帝拓跋珪時期，是北魏皇權的象徵

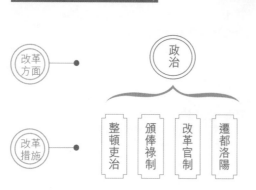

{彩繪陶文吏俑}
這是北魏文吏形象。身穿漢式衣袍，但手持長劍，造型糅合了胡漢特色

{北魏孝文帝改革措施}

改革方面 ●── 政治 ── 經濟 ── 文化

改革措施 ●── 整頓吏治 | 頒俸祿制 | 改革官制 | 遷都洛陽 ── 變革稅制 | 行均田制 | 創三長制 | 改革租制 ── 禁胡語 | 改漢姓 | 尊孔子

南朝各代的更替

東晉後，南方相繼出現的王朝宋、齊、梁、陳，都以建康（今南京）為都。這四個朝代相繼禪代，統治時間都很短，最後被隋朝統一。

劉裕是東晉北府軍的將領，出身寒微，在滅掉南燕與後秦之後，權勢日隆。晉安帝死後，恭帝立，劉裕輔政，掌握軍政大權，其禮儀已與皇帝無異。元熙二年（420年）六月，恭帝禪位，劉裕正式稱帝，國號宋，史稱"劉宋"，中國南方開始了"南朝"時期。劉宋文帝劉義隆在位的三十年間，是劉宋最繁榮的時期。宋文帝元嘉年間（424—453），劉宋與北魏數次交戰，各有勝負，但都損耗嚴重，此後南北雙方處於相對穩定的時期。劉宋末期的孝武帝及其子宋廢帝都殘暴荒淫，宋廢帝後被湘東王劉彧殺死。接連的暴君昏君掌政，致使朝綱混亂，而此時蘭陵蕭氏力量強大，於479年取代劉宋，建立齊。

齊是南朝四朝中存在時間最短的，僅23年。齊高帝蕭道成寬厚為本，屬行節儉，在位時南方的局勢穩定發展。但好景不長，齊的後繼統治者也走上了劉宋的老路，國君昏庸暴戾，遂有南齊宗室，雍州刺史蕭衍起兵，廢齊帝而自立，建立梁朝。

梁武帝蕭衍擅長文學，崇信佛教，在位時間長達48年，並無建樹。548年，投降梁的東魏大將侯景倒戈，引發"侯景之亂"，叛軍攻克建康城，梁武帝也困厄而死。552年，侯景之亂平息，但梁的統治已是風雨飄搖。557年，崛起於嶺南的陳霸先滅梁，建立陳朝。

{劉裕}　{蕭道成}

{蕭衍}　{陳霸先}

{齊武帝陵前石獸}

齊武帝蕭賾是齊高帝蕭道成之子，在位11年，葬於景安陵

BC 2100

BC 1900

BC 1700

BC 1500

BC 1300

BC 1100

BC 900

BC 700

BC 500

BC 300

BC 100

0

100

300

500

220—589

700

900

1100

1300

1500

1700

1900

陳朝建立時，南方的經濟經歷侯景之亂的兵禍已遭嚴重破壞，沒有了物質基礎支撐的國家是難以維繫自身命運的。北朝乘虛而入，佔領大片土地，陳的統治範圍縮小到長江以南、宜昌以東的地區。580 年，北周滅北齊，北方統一。581 年，北周外戚楊堅奪取政權，建立隋朝。589 年，隋文帝楊堅派晉王楊廣率軍渡江，一舉滅陳，中國實現了秦漢以後的又一次大統一。

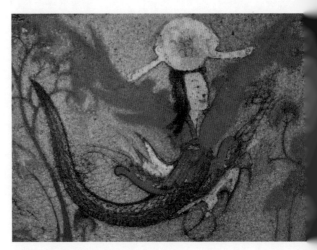

{ 高句麗墓葬壁畫女媧圖 }
女媧人首蛇身，符合中原的女媧傳說

高句麗政權的發展

高句麗政權主要位於今天的中國東北地區和朝鮮半島，原來是漢朝的屬國，到了兩晉南北朝時期，與中原王朝的關係更加密切。作為中國古代邊疆的少數民族政權，高句麗先建都紇升骨城（今遼寧桓仁境內五女山城），後定都丸都（今吉林集安），又遷都平壤。公元 5 世紀末，高句麗在好太王繼位後開始進入鼎盛時期。好太王之子長壽王為父所立的好太王碑，就記載了好太王南征北戰、攻城略地的功業。

高句麗與東晉、十六國、南北朝每年都有經常性的使節往來。南北朝時期，高句麗政權實行的可謂是一種務實的對外交往政策：臣貢北朝，保證了遼東地區的和平與政權的穩固；同時又結托南朝，使其能利用南北對峙的局面為自身的生存和發展增強保障。北朝和南朝都對高句麗有所冊封，這使其在對周邊民族和政權的征戰中擁有了政治上和戰略上的優勢。遷都平壤後，高句麗南侵，確立了對百濟、新羅的戰略優勢，基本

{ 公元 5 世紀北魏與高句麗等國位置示意圖 }

高句麗
平壤
北魏
黃河
百濟
新羅
建康
宋
◎ 都城
行政部族界

{ 鎏金銅鞍橋 }
這對高句麗馬具的形制，與中原地區出土的晉代馬具大致相同。可見中原和北方文化的融合

好太王寧其業
百殘新羅舊是
由來朝貢而倭

{ 好太王碑及碑文局部 }

碑 好太王

{ 丸都山城遺跡 }

丸都山城，修建在起伏險峻的丸都山上，曾作為高句麗王都使用，目前仍有 4~5 米高的城牆遺跡，並有築洞、甕門等

BC 2100

BC 1900

BC 1700

BC 1500

BC 1300

BC 1100

BC 900

BC 700

BC 500

BC 300

BC 100

0

100

300

500

220—589

700

900

1100

1300

1500

1700

1900

控制了朝鮮半島北部。高句麗在南北朝時期的繁榮和強盛，也充分體現了這一時期大分裂與大融合交織並存的時代特徵。高句麗崇信儒家思想，在平壤設立太學，學習儒家經典。後來，佛教也傳入高句麗並產生了深遠影響。

今天，分佈在吉林省集安市、遼寧省桓仁縣境內的高句麗王城、王陵及貴族墓葬遺址，主要包括國內城、丸都山城、好太王碑、將軍墳、五女山城、王陵、貴族墓葬等，是研究高句麗歷史及其與中原王朝關係的珍貴遺產。其中，位於今集安市的丸都山城是高句麗時代最典型的早、中期山城之一。丸都山城環山為屏，山腹為宮，谷口為門，充分體現了中國傳統的"風水"理念。

在丸都山城附近，考古學家還發現了大量石室墓葬，墓葬排列整齊，墓中的壁畫內容涉及出行、戰爭、狩獵、宴飲以及佛教題材的飛天、菩薩等，都與中原壁畫題材相似，圖案和紋飾也多有模仿中原文化的痕跡。

都城之貌

在三國兩晉南北朝時期，隨着政權的迭變與紛立，各政權的都城星羅棋佈，都城規模與建設也在亂世中取得了進步。在諸多都城中，以鄴城、建康和洛陽的建都時間較長、影響較大。

鄴城原為袁紹所據，後曹操挾漢獻帝建都於鄴，鄴城逐漸成為一個新的政治、經濟和文化中心。鄴城的城市佈局有四大特徵：

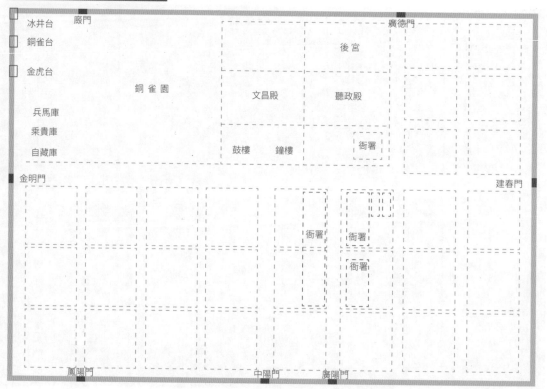

{ 曹魏鄴城平面復原略圖 }

冰井台　廠門　　　　　　　　　　　　　　　廣德門
銅雀台　　　　　　　　　　　　後宮
金虎台
　　　　銅雀園　　　　文昌殿　　聽政殿
兵馬庫
乘貴庫
自藏庫　　　　　　鼓樓　鐘樓　　衙署
金明門　　　　　　　　　　　　　　　　　建春門

衙署　衙署

衙署

鳳陽門　　　　　　　中陽門　廣陽門

封閉式的形態，宮城居中左右對稱，棋盤式的道路網，森嚴的居住區劃分。全城大體分南、北兩大部分：北部中央是宮殿區，西邊是苑囿，東邊為貴族居住區；南部有思忠、永平、吉陽、長壽等里，為普通居住區。據考古發現，當時的鄴城已奠定了後世國都的模式，即把宮苑集中於都城的北部，而將南部區劃為若干居民點，堅固的銅雀、冰井、金鳳三個高台則虎踞城之西北隅，顯然是為了瞭望等軍事目的而建。這在中國城市建築史上具有劃時代的意義。鄴城作為北齊的都城，還曾出現過鄴、臨漳、成安三縣同

{ 北魏洛陽城平面想象圖 }

考古發現雖不能完全復原洛陽城的面貌，但其週長和主要格局，符合文獻記載

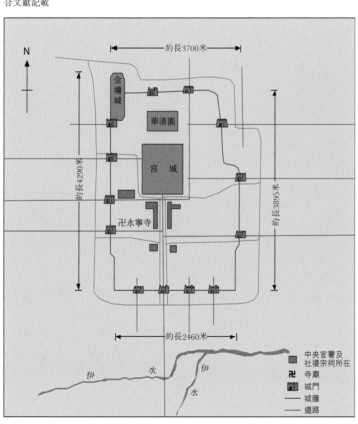

{ 青花釉裏紅銅雀台比武圖棒槌瓶 }

這件清代康熙年間瓷器，畫面表現的是《三國演義》的故事 "銅雀台比武"。曹植著有名篇《銅雀台賦》

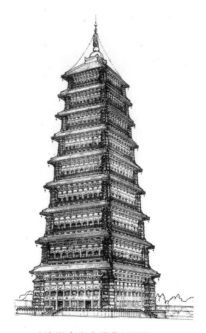

{ 洛陽永寧寺塔復原圖 }

BC 2100

BC 1900

BC 1700

BC 1500

BC 1300

BC 1100

BC 900

BC 700

BC 500

BC 300

BC 100

0

100

300

500

220—589

700

900

1100

1300

1500

1700

1900

城而治的現象。東魏遷都鄴城後，改相州為司州，魏郡太守為魏尹，而後分鄴縣置臨漳縣，兩縣同城而治。而北齊仍都於鄴，改魏尹為清都尹，又分置成安縣，與鄴、臨漳同城而治。是時的鄴城除司州、清都尹設置外，還有鄴、臨漳、成安三京縣附郭，乃京畿要地。

三國時東吳定都於建業（原稱秣陵，後改名建業，西晉時避愍帝司馬鄴名諱改名建康），之後東晉及南朝的宋、齊、梁、陳相繼定都於此，稱六朝都城。從吳到陳（西晉除外），建康一直是中國南方的政治、經濟、文化和軍事中心。建康的市鎮繁榮，商賈絡繹，其盛之時，人口百萬。初有兩市，後增至百餘市。至南朝時，建康已有牛馬市、紗市、蜆市、草市等，還有宮中的苑市。同時，建康還是中國南方的文化中心，人才輩出。

洛陽曾是東周時期的都城，東漢、西晉相繼定都洛陽，在洛陽城廣建宮殿、樓台、觀、館、亭、閣，洛陽繁華一時，成為全國政治、經濟、軍事和文化中心。北魏遷都洛陽後，在原西晉洛陽故址上進行重建，重建後的洛陽，城市規模空前，分外郭、京城、宮城三重。城內多建築雄偉的佛教寺院，例如著名的永寧寺。洛陽城內的各組成部分完整，政府機構、學校佈局緊湊，均集中在宮城以南的大道兩旁。商業區按行業分街，功能明確。據考古發掘證明，從東漢至北魏各朝，洛陽城的防禦設施已相當完備。此外，在築城時對於城市排水的問題亦非常注意，有大型、周密的排水系統。

{ 永寧寺出土的北魏戴籠冠陶塑 }

在永寧寺塔基中出土佛像、菩薩像、供養人像達千餘件，是北魏陶塑傑作

{ 傳祚無窮瓦當 }

此瓦當出土於北魏洛陽城遺址，是建築構件。"傳祚無窮"字樣，顯示出北魏統治者要建立千秋基業的願望

BC 2100
BC 1900
BC 1700
BC 1500
BC 1300
BC 1100
BC 900
BC 700
BC 500
BC 300
BC 100
0
100

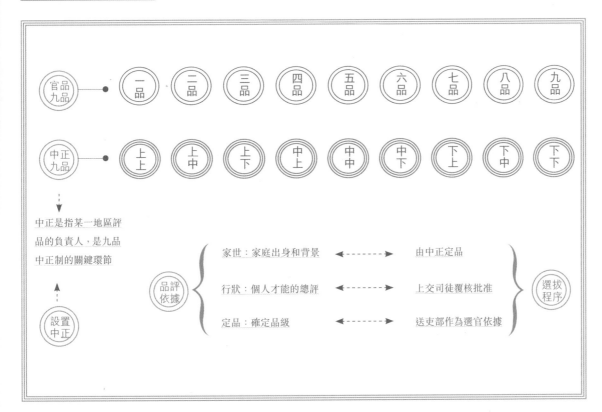

政治文明的低谷

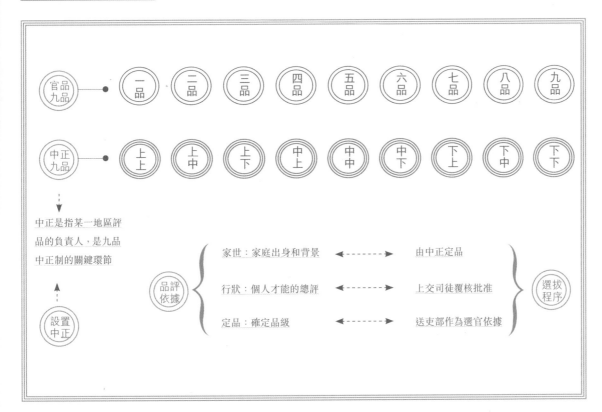
貳

◎ 門閥士族的興起與衰落　◎ 世家大族的生活——魏晉風度

東漢王朝在重重危機中解體，其後三國鼎立、皇權式微、政治動盪、法紀鬆弛。統治集團日益封閉，在東漢已逐漸壯大並取得了文化支配地位的士人羣體，此時演變成為一個世襲的士族門閥階層。西晉的短期統一，被北方少數民族打破；東晉偏安江南，皇權微弱，門閥顯赫，一度獲得了與皇帝"共天下"的門第權勢；十六國林立又使中國北方陷入動盪，少數民族部落顯貴活躍導致了政治制度的扭曲變形。這些，都使這個時代相對秦漢時期呈現出一個政治文明的低谷或曲折。

{ 九品中正制的內容 }

官品
九品 → 一品　二品　三品　四品　五品　六品　七品　八品　九品

中正
九品 → 上上　上中　上下　中上　中中　中下　下上　下中　下下

中正是指某一地區評品的負責人，是九品中正制的關鍵環節

設置中正

品評依據
- 家世：家庭出身和背景 ◄----► 由中正定品
- 行狀：個人才能的總評 ◄----► 上交司徒覆核批准
- 定品：確定品級 ◄----► 送吏部作為選官依據

選拔程序

300
500
220—589
700
900
1100
1300
1500
1700
1900

{ 塢壁耕地圖壁畫磚 }

塢壁是中國古代具有圍牆的防禦建築，又稱塢、營塢、塢候。魏晉時期的塢壁也稱塢堡或壁壘，大多修建在有天然山林險阻同時適宜農耕的地方，以血緣和地域形式為紐帶建立，塢壁的主人宗主控制了大量的佃戶，構成了這一時期門閥政治的基礎

門閥士族的興起與衰落

三國曹魏時期，曹丕沿襲兩漢察舉制的傳統，制定"九品中正制"選拔官吏。中正官的任命是九品中正制的關鍵環節，中正官必須秉持公正公開的態度，以確保朝廷能夠直接選拔人才，不受他人干擾。

到了西晉，雖然仍延續了"九品中正制"的選官制度，但在程序上已經有了很大的變化。中正官大多被士族門閥把持（門閥，是門第和閥閱的合稱，指世代為官的名門望族），這樣一來，選拔的官吏就成為他們培植和擴張自己家族私人勢力的工具，越來越多被選舉的官員都依附於這些門閥士族，失去了中央直接選拔人才的公平性。段灼曾對晉武帝說："今台閣選舉，徒塞耳目。九品訪人，唯問中正。故據上品者，非公、侯之子孫，則當塗之昆弟也。二者苟然，則華門蓬戶之俊，安得不有陸沉者哉。"（《晉書》卷四十七《段灼傳》）同時，西晉的佔田制又使這些世家大族取得了經濟特權，遂形成"上品無寒門，下品無世族"的典型門閥制度。東晉時，門閥制度發展到頂峰，門閥士族把持朝政，如琅琊王氏家族與當時司馬氏

{ 北朝郡望示意圖 }

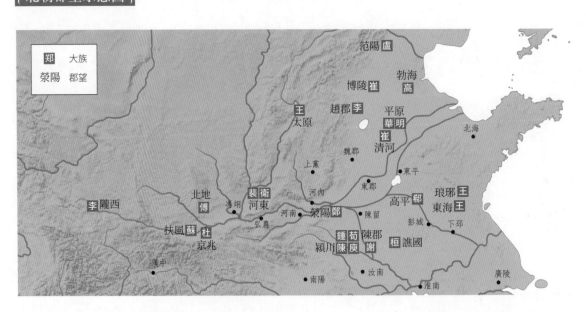

郑 大族
滎陽 郡望

范陽 盧
博陵 崔　勃海 高
趙郡 李　平原 華 明
王 太原　　　　崔 清河
　　　　　　　北海
　　魏郡
　　上黨　　東郡　東平
　　　　河內
北地 傅　衛 河東　河南 滎陽 鄭　陳留
李 隴西　澠池　　　弘農　　　　　彭城
扶風 蘇 杜 京兆　　　　　　鍾 荀 陳郡
　　　漢中　　　　　　潁川 陳 庾 謝　桓 譙國
琅琊 王　高平 郗　東海 王　下邳
　　　　　南陽　　汝南　　淮南　　廣陵

的皇室力量勢均力敵，一度形成"王與馬，共天下"的局面。

東晉著名的門閥士族，包括僑姓士族中以王、謝、袁、蕭為代表的四家，吳郡士族中以朱、張、顧、陸為代表的四家。其中，王、謝兩家又是這八家中的首姓。他們在政治上掌握特權，把持軍政；在經濟上搶佔土地、剝削農民，甚至把山澤封錮起來作為自己的私有財產。他們的莊園遍佈建康及附近諸郡，生活奢侈，貪圖逸樂。在他們大量侵佔土地的過程中，失去生產條件的農民便淪為佃客、部曲或奴僕，附庸於大地主莊園，承受士族地主的盤剝，生活貧苦。

莊園經濟不僅有傳統的農業種植，還有許多手工業作坊以及滿足莊園主日常生活需求的奢侈品生產等行業，形成一種自給自足的自然經濟體系。莊園主為了維護莊園經濟的穩定，通常都設置有防禦措施和武裝力量，以保衛莊園的安全，也防範依附農民的逃亡，這樣的武裝力量又增強了莊園主的實力和獨立性。

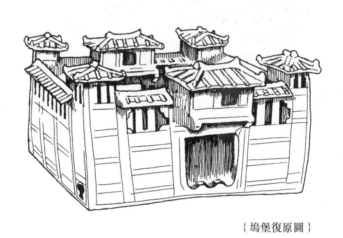

{塢堡復原圖}

{高榮名刺}

名刺是魏晉南北朝時期世家大族之間拜謁互訪時，用來表明身份、家世的證明。這件名刺是三國時吳郡望族高榮所用，死後陪葬於墓中

{陶城堡}

BC 2100
BC 1900
BC 1700
BC 1500
BC 1300
BC 1100
BC 900
BC 700
BC 500
BC 300
BC 100
0
100
300
500
220—589
700
900
1100
1300
1500
1700
1900

{陶塑望塔}

世家大族的莊園塢堡多建有望塔等軍事設施，並有私人武裝守衛

士族與庶人之間不但貧富分化，對比鮮明，而且門閥士族的等級觀念十分強烈，士庶之間不得通婚。根據考古發現，庶民墓葬與世家大族墓葬無論是規格、位置還是陪葬品等方方面面，都有天壤之別，可謂"比鄰士庶若天隔"。

士族出身的官僚多安於逸樂，又自命清高。他們甚至把"居官無官官之事，處事無事事之心"作為一種最高的道德規範。在這樣的政治生態下，官僚、貴族貪污成風，甚至偷盜國家儲備的軍糧，朝廷卻不敢追究。與此同時，東晉的徭役之重達到了驚人的地步，農民起義和抗爭此起彼伏，統治集團內部的鬥爭也愈演愈烈。最終，在孫恩、盧循起義和桓玄之亂後，門閥士族集團受到了沉重的打擊。

420 年，寒門出身的地主劉裕代東晉而立，改國號為宋，南朝開始。建立劉宋之後，他整頓吏治，重新按照九品中正制設立的初

衷選拔人才，使得寒微之人有被重用的機會；又對僑州郡縣採用"土斷"政策，抑制兼併，禁止封錮山澤，讓人民可以任意樵採捕撈，重新獲取生產條件。經過這一系列整頓之後，門閥士族的衰落之勢不可逆轉，曾經風光無限的東晉門閥士族，包括王、謝、桓、庾這些貴姓也逐漸退出了歷史舞台。"舊時王謝堂前燕，飛入尋常百姓家"，劉禹錫《烏衣巷》中的這兩句詩描述的正是門閥士族衰落的情形。

{士族門閥衰落的原因}

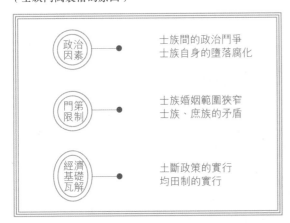

政治因素	→	士族間的政治鬥爭 士族自身的墮落腐化
門第限制	→	士族婚姻範圍狹窄 士族、庶族的矛盾
經濟基礎瓦解	→	土斷政策的實行 均田制的實行

世家大族的生活——魏晉風度

魏晉名士大部分出身於世家大族，有一種不同於流俗的言談舉止。這種特殊的風度不僅僅是個人文化追求和精神狀態的反映，也是他們人生觀、價值觀的體現，並且形成了別具一格的社會形象。這種形象投射於人們的政治和文化生活，影響着人們的心理狀態和處事行為。

以"竹林七賢"和"蘭亭名士"為代表的魏晉名士，以狂放不羈、灑脫俊逸而著稱。他們在學問上博學多通，才藝出眾，將思想付諸文字，留下了許多千古名篇。王羲之的書法"登峰造極"，《蘭亭集序》所書"飄若浮雲，矯若驚龍"，文章內容也以事言志，不僅描繪了蘭亭的景致和王羲之等人集會的樂趣，也抒發了作者樂觀豁達的人生態度和超脫生死的生命境界。

{明錢穀《蘭亭修褉圖》}

描繪了東晉永和九年（353年），王羲之、謝安等人在浙江會稽山陰的蘭亭修褉，作曲水流觴之會的故事

BC 2100
BC 1900
BC 1700
BC 1500
BC 1300
BC 1100
BC 900
BC 700
BC 500
BC 300
BC 100
0
100
300
500
220—589
700
900
1100
1300
1500
1700
1900

魏晉名士在思想上清靜無為，灑脫倜儻，追求精神上的通達穎悟，這是受魏晉玄學影響而出現的一種對人生藝術化的追求。魏晉玄學是一種崇尚老莊的思潮，在魏晉時期取代兩漢經學思潮成為思想主流。魏晉玄學的出現，改變了士大夫的人生追求、價值取向和生活觀念。阮籍與嵇康所主張的"越名教而任自然"是為代表，士人們擺脫儒家的倫理綱常束縛，任人之自然本性自由伸展，討論天地萬物存在的本源問題。他們追求的是一種寧靜的精神天地，其最高的精神境界就是瀟灑高逸。

在生活上，瀟灑的士人們也不拘法度，放浪形骸，常常聚於竹林中縱情高歌。他們清談、服藥、飲酒，選擇以逃避的方式面對動盪的時局與黑暗的社會現實。遊覽山水成為一種名士風流的標誌，他們寄情山水、樂於山水，把強烈的生命意識移植於山水之中。

如此，形成了中國歷史上絕無僅有的"魏晉風度"。魏晉風度是魏晉士人所追求的一種具有魅力和影響力的人格美，馮友蘭評價魏晉風度"玄心、洞見、妙賞、深情"。

{ 清康熙 五彩擲果盈車圖大盤 }

畫面表現的是西晉名士潘安（潘岳）的故事。他容貌美好，風流倜儻。駕車出行，引來路人圍觀，眾多女子更是紛紛向他投擲鮮果以示愛慕，以致鮮果滿車。可見"魏晉風度"是當時社會的風尚

{ 五石散 }

漢魏以來，名士受道教影響，有服食藥物"五石散"以求延年益壽的
風尚，其中不乏中毒而死者。東漢古詩也有"服食求神仙，多為藥所
誤"的說法

{《洛神賦圖》局部之二 }

此圖為東晉大畫家顧愷之所繪，畫中主人公曹植褒衣博帶，端坐榻
上，為典型的魏晉時期士大夫形象，是"魏晉風度"的代表

BC 2100

BC 1900

BC 1700

BC 1500

BC 1300

BC 1100

BC 900

BC 700

BC 500

BC 300

BC 100

0

100

300

500

220—589

700

900

1100

1300

1500

1700

1900

叁 南北經濟新格局

◎ 北方經濟的恢復與發展　　◎ 南方經濟的初步繁榮

三國兩晉南北朝時期，南北經濟狀況出現逆轉。北方因戰亂等原因，農業生產幾經起落，全國經濟中心的地位逐漸喪失；而南方地區，因人口增加、土地開墾、水利興修、農業生產技術改進等因素，經濟發展迅速。從這個時期開始，中國經濟中心開始出現南移的趨勢，這是中國歷史上劃時代的轉變。

由於戰亂不斷，這一時期的經濟，在縱向上，表現為艱難曲折、波浪式的前進。在北方，東漢末年大破壞之後，有三國至西晉太康年間的發展；在西晉末年十六國時期的大破壞中，還出現過後趙、前秦的兩度統一和經濟上的兩度復蘇；十六國時期的大破壞之後，經過緩慢的發展，出現了北魏後期的繁榮；魏末大亂後，又有齊、周時的發展。在南方，有孫恩、桓玄時的變亂，宋魏戰爭，侯景之亂等大破壞，也有東晉太元、宋元嘉、齊永明和梁武帝前期的發展。在橫向上，北方的經濟屢遭破壞，江南以及東北、

{ 三國兩晉南北朝時期人口冊載數統計 }

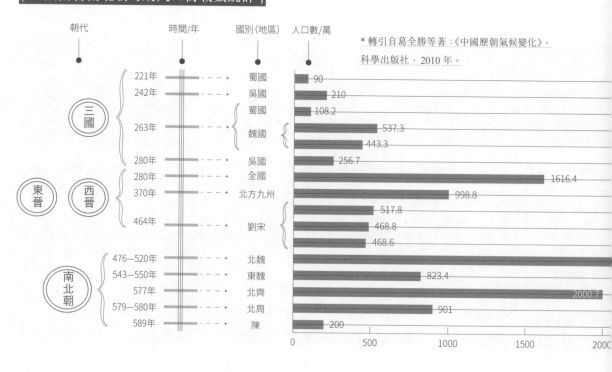

* 轉引自葛全勝等著：《中國歷朝氣候變化》，科學出版社，2010 年。

朝代	時間/年	國別（地區）	人口數/萬
三國	221年	蜀國	90
	242年	吳國	210
	263年	蜀國	108.2
	263年	魏國	537.3
			443.3
	280年	吳國	256.7
西晉	280年	全國	1616.4
	370年	北方九州	998.8
	464年	劉宋	517.8
			468.8
			468.6
南北朝	476—520年	北魏	
	543—550年	東魏	823.4
	577年	北齊	2000.7
	579—580年	北周	901
	589年	陳	200

魏晉南北朝 ◎ 亂世華彩 · 融合新生

西北的相對安定，使經濟向着全國均衡發展的方向跨進了一步。

北方經濟的恢復與發展

東漢後期，政治動盪，宦官外戚輪流擅權。他們相互傾軋，大規模兼併土地，並將沉重的租賦徭役轉嫁到百姓頭上。統治者的橫徵暴斂、竭澤而漁，使小農經濟走向破產的邊緣。黃巾起義爆發後，戰亂頻仍、災荒不斷、瘟疫橫行，東漢社會經濟的隱性破壞變得明朗化。在這場持續幾十年的規模空前的巨大動盪中，全國各地的社會經濟都受到程度不同的破壞，其中北方所受破壞尤為慘烈，呈現出人口銳減、宮闕破敗、農田荒蕪、工匠逃匿、餓殍載道、屍橫遍野的慘狀。

戰爭造成的最大災難首先是人口的銳減，尤其是勞動人口的大量耗減，這對農耕文明而言無疑是巨大的損失。一方面，是農民起義後的人口流失。如中平元年（184年），黃巾軍在北方 7 州 28 郡同時起兵。張角、張梁、張寶兄弟領導的冀州黃巾軍主力同皇甫嵩激戰，兵敗陣亡者近 20 萬人。另一方面，是諸侯割據戰爭帶來的人口耗減。如袁紹與曹操決戰官渡時，袁紹軍隊潰敗，曹操將投降的袁軍士兵數萬人全部活埋。

再者，戰爭往往伴隨着天災和疾疫。這是因為統治階級已不注重生產和抗災，而人口的大量死亡又是疾疫流行的溫床。它們對經濟的嚴重破壞，確如晉人山簡所說的那樣，從初平元年到建安末年的 30 年間，"萬姓流散，死亡略盡，斯亂之極也"（《晉書》卷四十三《山濤傳附山簡傳》）。

由於人口銳減、土地荒蕪等原因，各種政治勢力瘋狂爭奪人口，世族豪強分割國家戶口。從一定程度上講，三國兩晉南北朝的人口爭奪甚至超過了土地的兼併。這是因為，爭奪人口就是爭奪勞動力，爭奪武裝力量，爭奪財富。

黃巾起義被鎮壓以後，中原地區長期陷入軍閥混戰的狀態，不僅勞動人民生活無着，各地軍閥也嚴重缺糧。曹操為了解決軍糧問題，於 196 年開始在許下屯田，後又下令在各郡國屯田。屯田分民屯和軍屯兩種，民屯的屯田民由國家撥給田地，按軍事編制。軍屯則以士卒屯田，屯田所得以供軍需。曹魏為了軍事和經濟的需要，先後開鑿或整修了許多溝渠陂堰，廣泛分佈在今河北、河南地區。曹魏的屯田政策和水利事業的發展，不僅解決了軍糧問題，對於遭受長期戰亂破壞的中原地區的農業生產和社會秩序的恢復，都起了很大作用。

（資料來源）

《晉書·地理志》
《晉書·地理志》
《三國志·後主傳》註引王隱《蜀記》
《帝王世紀》
《通典》
《晉書·武帝紀》
《晉書·地理志》
《晉書·苻堅載記》
《宋書·州郡志》各郡人口總計
《宋書·州郡志》各州人口總計
《通典》
3240　《魏書·地形志》
《魏書·地形志》各州郡戶口總計
《周書·武帝紀》、《通典》
《通典》
《北史·隋文帝紀》

2500　　　　3000　　　　3500

BC 2100
BC 1900
BC 1700
BC 1500
BC 1300
BC 1100
BC 900
BC 700
BC 500
BC 300
BC 100
0
100
300
500
220—589
700
900
1100
1300
1500
1700
1900

{ 屯墾壁畫 }

壁畫將士兵和耕者畫在同一圖中，
是當時軍屯實際情況的反應

{曹魏屯田示意圖}

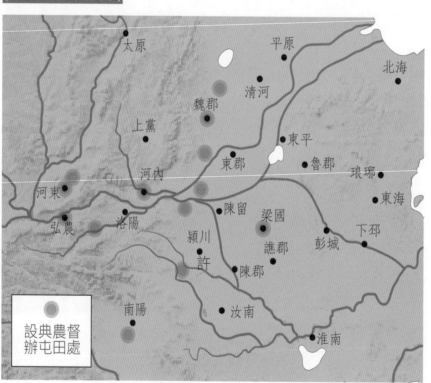

太原

平原

北海

清河

魏郡

上黨

東平

魯郡

河內

東郡

琊琊

河東

東海

弘農

洛陽

陳留

梁國

下邳

潁川

譙郡

彭城

許

陳郡

南陽

汝南

淮南

設典農督
辦屯田處

在曹魏長期經營的基礎上，西晉時期北方經濟取得了短暫的恢復和發展。但屯田制本是戰時經濟政策，難以長期保持高效穩定的狀態，司馬氏掌權後不久，屯田制被逐漸破壞。隨着經濟的發展，人們對土地和勞動力佔有的興趣增強，如典農官派屯田客去經商以增加部下的收入等類似舉動都是把屯田客作為私家附屬使用的，嚴重破壞了屯田制"專以農桑為業"的創立宗旨；加之土地和勞動力兩方面的侵蝕，屯田制漸至瓦解。原屬於屯田制度下的農民，一部分被賞予公卿作佃客；一部分沿着魏文帝以來典農經商的路子從事商業活動；一部分貧窮的人就像原來的破產編戶那樣，投靠官僚權勢之家作依附農民。官僚、地主則乘機利用佔田制度繼續掠奪土地和人口。

西晉政權崩塌後，北方少數民族南下，北方再陷戰亂，這一時期出現的政權更多，戰爭更頻繁、激烈，破壞也更大，人們為了生存紛紛結塢自保。塢堡內部以父權大家長制為權力核心，籠絡宗族、鄉黨、姻親、故舊、門生、義故、賓客、部曲等。

{ 塢堡畫像磚 }

戰亂時代，北方的士族豪強築塢堡以自保，大批自耕農為避戰亂，依附於這些豪強地主。塢堡不但成為武裝組織，還可組織生產活動

{ 簸糧陶俑和持刀陶俑 }

原本屬於國家的自耕農，托庇於世家大族後，脫離了國家戶籍，逐漸成為莊園主私人的佃客、部曲和奴婢

BC 2100

BC 1900

BC 1700

BC 1500

BC 1300

BC 1100

BC 900

BC 700

BC 500

BC 300

BC 100

0

100

300

500

220—589

700

900

1100

1300

1500

1700

1900

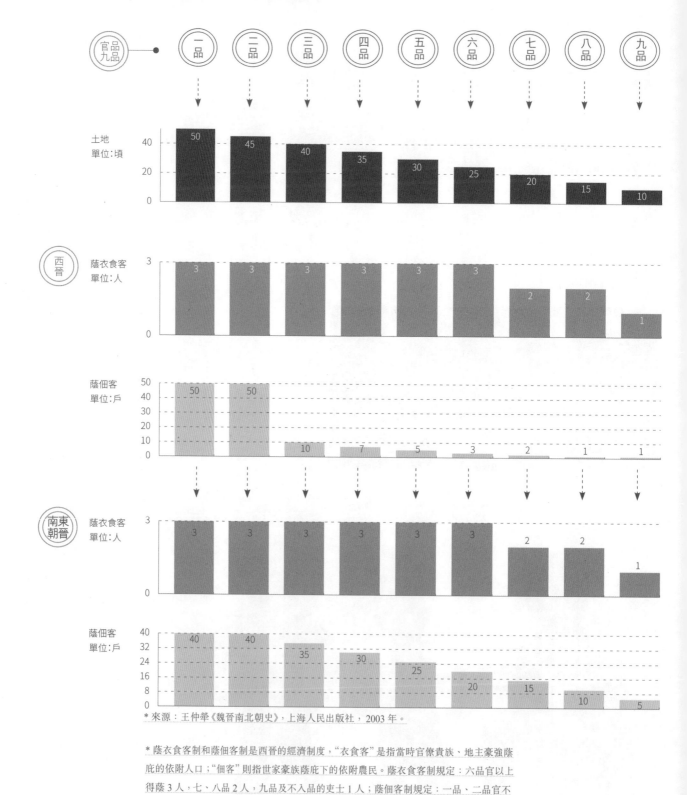

{西晉、東晉、南朝官吏佔田蔭客}

魏晉南北朝 ◎ 亂世華彩・融合新生

官品九品
一品　二品　三品　四品　五品　六品　七品　八品　九品

土地
單位：頃
50　45　40　35　30　25　20　15　10

西晉

蔭衣食客
單位：人
3　3　3　3　3　3　2　2　1

蔭佃客
單位：戶
50　50　10　7　5　3　2　1　1

東晉南朝

蔭衣食客
單位：人
3　3　3　3　3　3　2　2　1

蔭佃客
單位：戶
40　40　35　30　25　20　15　10　5

*來源：王仲犖《魏晉南北朝史》，上海人民出版社，2003年。

*蔭衣食客制和蔭佃客制是西晉的經濟制度，"衣食客"是指當時官僚貴族、地主豪強蔭庇的依附人口；"佃客"則指世家豪族蔭庇下的依附農民。蔭衣食客制規定：六品官以上得蔭3人，七、八品2人，九品及不入品的吏士1人；蔭佃客制規定：一品、二品官不得超過50戶，三品10戶，四品7戶，五品5戶，六品3戶，七品2戶，八品、九品1戶。這與九品中正制相輔相成

北魏孝文帝改革後，北方經濟再次趨於穩定，及至西魏、東魏，北周、北齊的對峙發展，北方政權的經濟實力開始穩步回升。北魏前期的經濟是一個複雜的混合體，既包括農業、畜牧業等生產經濟，也包括野蠻的掠奪經濟。孝文帝在農業方面推行均田制，輔以租調制度，但還不十分健全，如租調雖有規定，卻往往額外徵收；畜牧業無限制地發展，使中原許多肥沃土地變成牧場，均田制度在許多地方都難以付諸實施。以敦煌石室資料中西魏大統十三年（547年）的《鄧延天富等戶戶籍計賬殘卷（斯坦因文書第613號）》為例，文件中三十三戶居民只有六戶受足額田數，足額比率不到五分之一。可見，名義上利國利民的均田制在具體實施過程中存在很大弊端，愈到後期愈難以實行。

南方經濟的初步繁榮

與北方形成鮮明對比的是，南方人口大量增加。北方人民為了逃避天災人禍，大量遷徙他鄉，流向相對安全的南方。由於流民勢孤力弱，遠遷南方後又無所憑依，只得紛紛依附豪強之家。人口是政府的財源和役源，這麼多的勞動人口為權豪所佔有，無論是從眼前着想，或是為長遠打算，東晉政府都不會坐視不管。並且，剛剛流亡到南方的北方士族不願丟掉自己高貴的門第郡望，庶民百姓擔心在當地入戶籍後照常納賦服役，所以都不願入當地戶籍。再次，西晉末年，因為流民問題處理失當，激起流民到處反抗，成為西晉滅亡原因之一。東晉政府有鑒於此，就採用了設置地方流亡組織——僑州郡縣的辦法安置流民。僑州郡縣設立之後，流民便可到僑州、僑郡、僑縣登記戶口，這些流民稱為僑戶，其登記的戶籍稱為"僑籍"。因為"僑籍"是臨時性戶籍，登記在白紙上，所以又稱"白籍"。僑戶最初

BC 2100

BC 1900

BC 1700

BC 1500

BC 1300

BC 1100

BC 900

BC 700

BC 500

BC 300

BC 100

0

100

300

500

220—589

700

900

1100

1300

1500

1700

1900

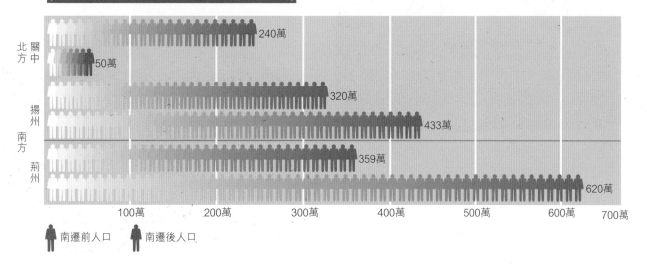

{公元3世紀南北方城市人口變動舉例}

北方 關中 50萬 240萬

南方 揚州 320萬 433萬

南方 荊州 359萬 620萬

100萬　200萬　300萬　400萬　500萬　600萬　700萬

南遷前人口　　南遷後人口

對國家無課役負擔；後來雖有，一般也比正式編戶輕。由此，南方社會勞動力得到充實，農業、手工業、商業等也有了充分發展的前提。

兩漢時期，南方的農業生產比較落後，以種植水稻為主。雖然鐵農具在推廣，但還不普遍，許多地區亦未開發。三國時期，孫吳建都建業，促進了南方經濟的發展；東晉建立前後，自北方南來的人口中有許多農民，不但為開發南方增添了大量的勞動力，而且帶來了北方先進的生產工具和耕作技術，極大促進了南方農業的發展。

同時，南方的水利事業也有了新的發展。東晉時期，在晉陵曲阿（今江蘇丹陽）修建的新豐塘，溉田八百餘頃。又修復芍陂，溉田萬頃。南朝時期，在荊州枝江開獲湖，

"堰湖開瀆，通引江水，田多收穫"。興修水利的同時，各地大量圍墾湖田，沿海的一些地區還修建了海塘，以保護農田免受潮水侵襲。

東晉南朝時期，手工業的發展也是南方社會經濟的一大進步。是時的工匠主要來自三個方面：一是繼承前代，向民間徵發。吳國的交阯太守曾徵發"手工千餘人送建業"（《三國志》卷四十八《孫休傳》）；第二個來源是招募，如東晉時，王弘向司馬道子建議

{陶碓}

這是糧食脫粒的工具，魏晉時期在黃河、長江流域廣為使用

{吳國朱然墓出土雲氣紋漆盒與漆榼}

朱然是孫吳名將，也是當時江南的世家大族。從這兩件漆器，可見當時手工業的發達程度

屯田，說南冶有"募吏數百"，屯田也可以仿效南冶那樣招募逃亡山湖之人；第三個來源，也是主要的來源，是罪犯及其家屬，以刑徒補充官府作坊工匠。各政權均對手工業者採取優待政策，如享受"番假"，給予僱值，工匠病老、死亡不再頂補等等，雖然只行之於局部，但也反映了工匠地位的改善，這十分有利於手工業發展。

當時冶鐵業以官營為主，地主莊園內也多冶鑄鐵器。所製鐵器有鋤、斧、鑿、釜等

農業、紡織業、手工業及生活用具，還有各種兵器。冶鐵時，多用水排鼓風。煉鋼技術也進步很大，陶弘景的"灌鋼"法，把生鐵和熟鐵放在一起冶煉，再加鍛打，可以成為優質鋼。還有一種"橫法鋼"，是經過百煉而成的。

紡織業有絲織業和麻織業，主要是與農業結合的家庭副業。許多地區的農民掌握了很高的養蠶抽絲技術。如豫章郡一年培育四五眠蠶；永嘉郡一年培育八眠蠶，都能

{越窰青瓷雞首壺／陶罐}
這類陶瓷器，都屬於當時市場交易的貨物

{東晉羽人馭龍金飾}

BC 2100
BC 1900
BC 1700
BC 1500
BC 1300
BC 1100
BC 900
BC 700
BC 500
BC 300
BC 100
0
100
300
500
220—589
700
900
1100
1300
1500
1700
1900

作繭抽絲。所以每年三到十月，都是育蠶、抽絲季節。東晉末年，劉裕滅後秦時，將長安的百工遷於建康，建立錦署，讓他們生產錦，從此織錦技術也傳於江南。

青瓷業也有很大發展，三吳地區是青瓷器的主要產地，所產瓷器多飾以蓮花紋，光澤度也在不斷提高。其他地區不少州郡也燒造瓷器，技術水平相當高，在造型和釉色方面，又有自己的特點。由於瓷器的大量生產，部分陶器、金屬器、漆器已為瓷器所代替。這一時期的瓷窯大部分為青瓷窯，少數窯兼燒黑瓷。主要分佈在今江蘇、浙江、江西、湖南、湖北、四川、福建、廣東、山東、河北等地，其中以今浙江地區為多，以越窯、甌窯及早期白瓷窯為代表。

越窯主要集中在古越人居住的今上虞、餘姚、慈溪和紹興地區，採用輪製成型，以拍印、雕、堆等技法製成方壺、穀倉、扁壺等多種新式器物。胎質致密堅硬，胎色灰白，釉層較厚，釉面光滑明亮，釉色淡青。甌窯的窯場主要分佈於今瑞安及甌江兩岸的溫州、永嘉一帶。其特點為：胎色較白微閃灰，釉色淡青，釉質透明，胎質細膩，釉層均勻，胎釉結合緊密，釉色或淡青或青綠。其造型多與越窯相同，常見的有罐、碗、缽、壺、盤等。

{ 紙繪莊園生活圖 }

這幅出土於吐魯番的東晉紙畫，表現的是門閥士族的莊園生活，很可能是最早的紙本繪畫作品

另外，南方文化的進步，促進了造紙業的迅速發展，造紙的原料除了用麻、楮皮外，還有桑皮、藤皮、竹子等。由於造紙原料多了，造紙技術提高，紙的產量增多、成本下降，紙就代替了簡帛，成為主要書寫材料。

當時除了城市中的正規市場以外，還有農民進行臨時集市交易的草市，有軍隊設的軍市，與少數民族交易的夷市，與境外交易的互市和沿海城市的海外貿易市場。三國時，魏、吳都立軍市。吳國潘璋「征伐止頓（屯），便立軍市，他軍所無，皆仰取足」（《三國志》卷五十五《潘璋傳》）。由此可知，軍市是隨軍隊的行蹤而置廢。陳時，「軍市中，忽聞小兒啼，一市皆驚」（《陳書》卷八

《周文育傳》），這說明直到南朝末期仍有軍市。夷市是專對少數民族設立的市場。東晉陶侃為武昌（治今湖北鄂州）太守，「立夷市於郡東，大收其利」（《晉書》卷六十六《陶侃傳》）。各類市場的主要商品為農產品和手工業產品，有糧食、絹、紙、蓆、青瓷器、漆器、金銀器、銅器、鐵器、鹽等，還有瑪瑙、琉璃、玳瑁、香料等奢侈品，主要供給貴族、官僚、大地主享用。

雖然江南的商業發展受制於地主莊園，但許多大城市已經成為一方的商業中心，南方在農業、手工業、商業諸方面均取得突破性的發展，荊州、揚州、益州等逐漸取代北方的長安、洛陽等都市，成為新的經濟中心。

{ 南朝手工業分佈示意圖 }

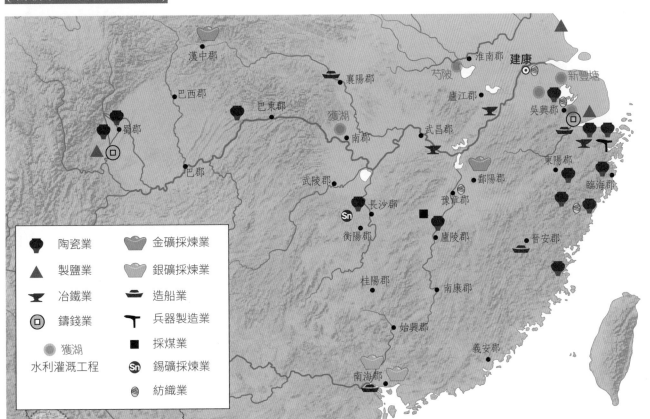

{三國兩晉南北朝時期瓷器特色}

{越窯神人樓閣紋青瓷瓶}

{北齊銅鎏金淨瓶}

時期

代表器
瓷器

窯系

南方青瓷甌窯系

東晉

{黑釉雞首壺}

{三國兩晉南北朝手工業遺存}

類別	主要地域	遺存種類
鑄鐵業手工業作坊遺存	全國各地廣泛分佈	鐵器遺物中,以犁、鏵、鋤、鐮等農業生產工具數量最多,還有兵器、馬器等
銅器鑄造遺存	今山西、河南等地	釜、盤、燈、爐等生活用品,還有銅錢、銅佛像等
陶瓦手工業作坊遺存	全國各地都有發現	瓦製構件,多為官府手工業產品
瓷器手工業作坊遺存	中原地區	以青釉為主,瓶、壺、碗、罐等
	今江浙地區	質量較高的青瓷器,越窯產品質量最優

{ 青釉四繫鳥鈕蓋缸 }

器物內外皆施青釉，圈足內素胎
無釉。蓋圓形，蓋口可以合於缸
口內。蓋面飾三道凹陷的款弦紋，
蓋頂雕塑一對小鳥，情態活潑可
愛，展翅翹尾相對而立，栩栩如生

窯 系

南方青瓷越窯系

西晉

特 藝
色 術

肩部兩側有橋形繫，並有一
弧形柄連接口沿。通體施
青釉，壺口與雞首處點綴褐
彩。總體上，甌窯瓷的胎色
比越窯的淺，為灰白色，
青釉的色澤也被襯托得比
較淡，另外，玻璃質感比較
強，透明度較高

{ 青釉褐彩雞首壺 }

代 瓷
表 器

黑瓷德清窯系

特 藝
色 術

器物造型比較簡單，肩部一
側雕塑一凸起的雞頭形流，
相對一側飾安一曲柄，柄連
於肩、口之間，另外兩側各
飾一橋形繫。壺身裏外施釉，
外壁釉不到底，釉色黑如漆

北齊

窯 系

特 藝
色 術

北方青瓷

器物通體施青綠釉，圈足內
深厚，素胎無釉。器型高
大，氣魄雄偉，紋飾華縟精
美，集貼、印、堆塑、刻劃、
模印、浮雕等多種裝飾技法
於一體。裝飾題材反映了佛
教藝術對北方陶瓷的影響

{ 青釉蓮花尊 }

BC 2100
BC 1900
BC 1700
BC 1500
BC 1300
BC 1100
BC 900
BC 700
BC 500
BC 300
BC 100
0
100
300
500
220—589
700
900
1100
1300
1500
1700
1900

多元文化的綻放

◎ 儒學的困境與玄學的興起　◎ 道教的形成與發展
◎ 佛教的巨大影響　◎ 書畫藝術、科學技術成就

三國兩晉南北朝時期，思想文化、科學技術和社會生活都呈現多元發展的特點，大大豐富了中華文明的內涵。同時，這一時期的文化發展體現出了民族融合的特色，並帶有分裂割據的時代烙印。

這個時期，中國傳統文化的成就是輝煌的。今文經學受到了嚴重的挑戰，獨尊儒術的局面已被打破；原始道教得到了改造，建立起比較系統的神學理論和教儀、教規；外來的佛教中國化，成為具有中華特色的宗教；作為魏晉思潮的玄學，也在宇宙本源和哲學思辨方面大大超越了兩漢哲學的範疇；范縝的無神論思想，更代表着中國古代唯物哲學的最高峰。

至於文學、史學、藝術和科學技術等方面，這一時期的成就也是十分突出的。以"三曹"、"七子"為代表的"建安風骨"，以及田園詩、山水詩和講究格律的"宮體"詩，為唐代律詩的繁榮奠定了堅實的基礎。中國文學創作和文藝批評的理論，也是在這一時期才形成的。史學著述的各種體例，在當時已經具備。敦煌莫高窟、大同雲岡石窟和洛陽龍門石窟多開鑿於這一時期，成為舉世矚目的中國三大藝術寶庫。又如王羲之、顧愷之，以及祖沖之、劉徽、裴秀、皇甫謐、葛洪、賈思勰、馬鈞等科學家，他們所取得的豐碩成果，都在中國藝術文化史、科技史上閃爍着耀眼的光芒。

三國兩晉南北朝時期的文化，既繼承了秦漢科技、思想之精髓，又進行了改革和時代創新，更為隋唐文化的繁榮昌盛奠定了基礎。

儒學的困境與玄學的興起

自漢武帝頒令"罷黜百家，獨尊儒術"後，儒家學說成為官方政治哲學和中國傳統文化思想的主流。但是作為官方哲學，儒學本身存在弱點。從儒家主張來說，"三綱五常"等禁錮了士人的思想；從釋經學術角度來看，儒學的理解性多樣，容易成為統治階級利用的工具。西漢末期興起了公羊與穀梁兩派之爭，經學家們為了適應統治者的需要，在講解五經時不得不支離蔓衍，穿鑿附會，並掀起了托古改制運動。這就忽視了經典的本身意義與社會現實，使得儒學的理想主義更加受挫。東漢王朝崩塌以後，儒學無

助於解決社會現實問題，幾乎無人問津。

由於士人們不再受獨尊儒術的羈絆，春秋戰國時期的諸子百家之學又重見天日。以老子、莊子為代表的道家學說，一時身價倍增，深受士人青睞，被視為是新形勢下的精神依托。在羣雄割據、殺戮不止的戰亂年代中，不少士人在老莊哲學思想的熏陶下，或者韜光遁世，逃入山林，過着一種隱士的生活；或者言不臧否，養性全真，身在田園追求適意逍遙；有的人迫於無奈，出仕為官，但虛食俸祿，委曲周旋。他們的思想深處，實際上充滿着各式各樣的矛盾和苦惱，如理想與現實，悲觀與樂觀，外化與內化，隨俗與孤傲，虛假與真善，安命與逍遙等。這些士人從《老子》《莊子》中尋找安慰，在縱酒談玄中樂以忘憂。據《世說新語·言語》註引《司馬徽別傳》記載，水鏡先生司馬徽善於識人，但不願得罪人，評論誰都說好，人稱"好好先生"（後世黃庭堅《次韻任道食荔枝有感三首》亦有"萬事稱好司馬公"之句）。這在一定程度上反映了當時的混亂世道中士人的生活處世態度。

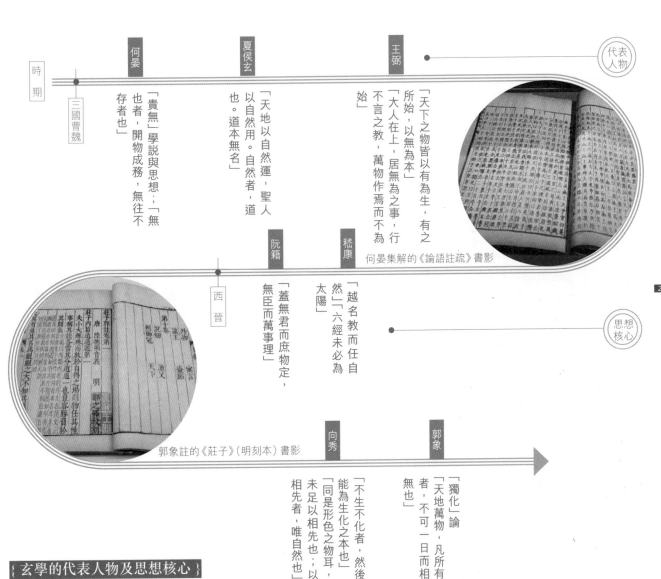

時期

代表人物

三國曹魏

何晏
「貴無」學說與思想；「無也者，開物成務，無往不存者也」

夏侯玄
「天地以自然運，聖人以自然用。自然者，道也。道本無名」

王弼
「天下之物皆以有為生，有之所始，以無為本」「大人在上，居無為之事，行不言之教，萬物作焉而不為始」

何晏集解的《論語註疏》書影

思想核心

阮籍
「蓋無君而庶物定，無臣而萬事理」

西晉

稽康
「越名教而任自然」「六經未必為太陽」

郭象註的《莊子》（明刻本）書影

向秀
「不生不化者，然後能為生化之本也」「同是形色之物耳，未足以相先也；以相先者，唯自然也」

郭象
「獨化」論「天地萬物，凡所有者，不可一日而相無也」

{ 玄學的代表人物及思想核心 }

BC 2100
BC 1900
BC 1700
BC 1500
BC 1300
BC 1100
BC 900
BC 700
BC 500
BC 300
BC 100
0
100
300
500
220—589
700
900
1100
1300
1500
1700
1900

糅合儒、道而形成的一種新的哲學思想體系——玄學逐漸盛行。玄學是以道家唯心主義理論解釋儒家經典《易》為中心形成的思想流派。"玄"是幽遠之意。《老子》曰："玄之又玄，眾妙之門。"王弼註："玄者，冥也，默然無有也。""無"是玄學的核心，玄學探討的本與末、有與無、名教與自然等哲理問題，都和政治現實聯繫緊密。

{ 維摩詰與文殊辯論 }

維摩詰本為佛教人物，以"辯才無礙"著稱。魏晉時期大受貴族和士大夫歡迎，正是當時玄學清談盛行所致。造像中，維摩詰多是"秀骨清像"，手持塵尾的士大夫形象，可反映當時道教人物的衣冠服飾

文殊　　維摩詰

道教的形成與發展

道教是中國土生的宗教，形成於東漢中後期，太平道和五斗米道的出現標誌着道教的正式創立。張角創立太平道，自稱大賢良師，以符水、咒語為民治病，並派弟子分赴各地佈道，影響廣泛。黃巾起義失敗後，道教開始分為兩派，一為祈禱派，在農民群眾中傳佈，屬於秘密結社性質；一為煉丹派，主要為士人信奉，講求煉丹、辟穀、導引之術，以求延年益壽，以兩晉之際的葛洪和北魏前期的寇謙之為代表。總體上，三國兩晉南北朝是道教的大發展時期，東晉時人葛洪作為官方道教理論和儀式的奠基人，其葛氏道在道教中有着特殊地位。葛洪熱衷於煉丹

{ 王阿善造老君石像 }

這是北魏時期的道教石刻造像，可反映當時道教人物的衣冠服飾

玉皇士，是供養對象的題名

道冠　　女官

道服

秘術，一直過着"神仙丹鼎"的煉丹生活，其著作《抱樸子》集魏晉時代煉丹術之大成。

寇謙之是北朝道教的代表人物，作為道教的改革者，他創立"新天師道"，徹底改變了原始道教的政治性、組織性，積極維護統治階級的倫理道德，建立了一整套新的教規教儀，努力將道教納入鞏固統治者地位的軌道，道教自此逐漸獲得最高統治者的承認。

南朝著名道士陶弘景開創了茅山宗，他歸隱茅山（今江蘇句容、金壇交界處的茅山），佛道雙修，在道觀中設佛道二堂，隔日朝禮。後來，茅山逐漸成了上清派的中心。陶弘景晚年顯赫一時，梁武帝太子曾隨他學道，齊梁間王侯公卿從陶弘景授業者達數百人，人稱"山中宰相"。經過這一時期的積澱，道教至隋唐進入鼎盛時期，茅山派更是發展成為隋唐道教的主流，地位崇高。

{ 南北朝經學、玄學流行地區與道教名山分佈示意圖 }

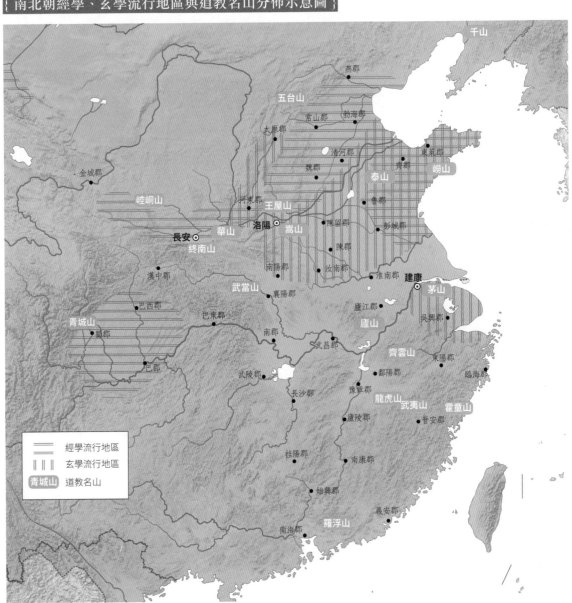

BC 2100

BC 1900

BC 1700

BC 1500

BC 1300

BC 1100

BC 900

BC 700

BC 500

BC 300

BC 100

0

100

300

220—589

500

700

900

1100

1300

1500

1700

1900

佛教的巨大影響

曹魏統治者並未禁止佛教，至曹魏中期，天竺沙門曇柯迦羅到洛陽，節譯了戒律一卷，漢地始有正規戒律授戒度僧。孫吳時期，祖籍西域的支謙、康僧會先後到建業譯出了大批佛經。蜀漢雖無佛教傳播的記載，但從1940年代以來，四川境內不斷發現漢末、蜀漢的佛教文物，說明三國時期巴蜀地區也已深受佛教的影響。

西晉末葉，爆發了"五胡亂華"，民族矛盾尖銳。各民族統治者認識到，除了軍事、政治的手段外，也需要從精神上、信仰上采取措施維護統治，而各族勞動人民長期受剝削、壓迫和戰爭之苦，亦渴求精神的寄托，佛教再次迅速發展。

東晉十六國是佛教大發展的時期。在北方十六國中，後趙、前後秦和北涼佛教最為興盛。這些政權的統治者都是少數民族，對外來佛教易於接納。當時，西域的許多僧人東來傳教，中國人西去求法的也不少。其中最著名的是東晉時期的僧人法顯，他從長安西行，自海上歸來，前後共十四年，歷訪三十餘國，攜回很多梵文本佛經，歸國後在建康譯經。又撰《佛國記》，記錄他的旅行見聞，不但成為研究中古佛教的重要史料，也是研究中外交通史和南亞各國古代歷史、地理的寶貴資料。

{ 唐法琳《辨正論・十代奉佛篇》註兩晉南朝寺數、僧尼數、譯經人數與部數 }

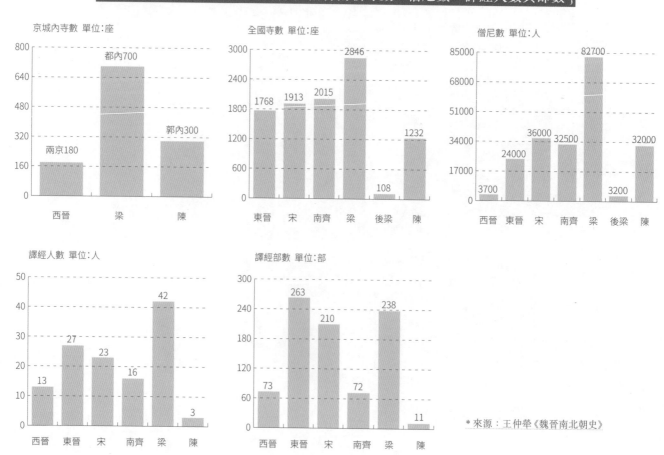

*來源：王仲犖《魏晉南北朝史》

152

{ 康僧會弘教江南全圖 }

康僧會是三國時代的高僧，在江南弘教時，得到孫吳兩代執政者的支持，孫權曾為他建造建初寺

南朝帝王崇信佛教的甚多，其中以宋文帝、齊竟陵王蕭子良和梁武帝最為典型。宋文帝對佛教的社會作用有深刻的認識，他認為：「率土之濱皆純此化，則吾坐致太平，夫復何事！」齊竟陵王蕭子良，於齊武帝時開西邸，廣招名僧講說佛法，又舉辦齋儀，抄傳佛經，撰寫勸善文等。

梁武帝早年信奉道教，在他即位後的第三年，就下《捨事道法詔》正式皈依佛教。此後，梁武帝大力提倡佛教，通過一系列措施，幾乎把佛教變為國教。措施主要有：敬重僧侶、建寺造像、舉辦法會、佈施捨身、禁斷酒肉、講經註經及著述等。南朝的佛寺屬梁代最多，有近三千所，僅建康就有五百

BC 2100
BC 1900
BC 1700
BC 1500
BC 1300
BC 1100
BC 900
BC 700
BC 500
BC 300
BC 100
0
100
300
500
220—589
700
900
1100
1300
1500
1700
1900

餘所（唐杜牧詩：“南朝四百八十寺，多少樓台煙雨中”）。

南朝的儒、釋、道之爭比較激烈，尤其是神滅與神不滅之爭，爭論的時間最長，參與人數最多。這一爭論在東晉時即已開始，劉宋初何承天、宗炳等人又反覆爭論，至齊梁時由范縝把爭論推到了高峰。范縝撰寫了《神滅論》，主張形盡神滅，而蕭子良、梁武帝及其臣下都先後攻擊范縝之說。此外，還有夷夏之爭與“三破”（破身、破家、破國）之爭，都是道家和儒家針對佛教的。但總體看來，南朝時期雖有儒、釋、道三教之爭，但三教一致的主張仍佔主導地位。而北朝諸帝除魏太武帝和周武帝滅佛外，也都有不同程度的崇信佛教。值得一提的是，北朝鑿建石窟多處，堪稱中國建築藝術的一大寶庫，最有代表性的是北魏開鑿的雲岡石窟和龍門石窟。

{雲岡石窟第二十窟釋迦牟尼佛坐像}

雲岡石窟位於北魏故都平城，是北魏皇室斥巨資開鑿。此窟為其最具代表性的“曇曜五窟”之一

{雲岡石窟彩繪石雕交腳菩薩像}

{龍門石窟北魏孝文帝禮佛圖}

龍門石窟位於洛陽附近，開鑿於北魏孝文帝時期。這是龍門石窟賓陽洞雕塑，表現的是孝文帝帶領朝臣、侍從禮佛的情景

{ 南響堂山彩繪石雕佛頭像 }　　　　{ 北響堂山彩繪石雕菩薩頭像 }

響堂山石窟位於河北省邯鄲市，最初開鑿於北齊年間，是北齊佛教造像藝術的代表。學術界將其稱為"北齊造像模式"

{ 南京栖霞山千佛崖造像 }

栖霞山千佛崖石窟位於栖霞寺之後，開鑿建造於南朝齊梁時期，是這一時期江南佛教藝術的代表

{ 南京栖霞寺 }

栖霞寺是南朝最大的佛寺之一

BC 2100

BC 1900

BC 1700

BC 1500

BC 1300

BC 1100

BC 900

BC 700

BC 500

BC 300

BC 100

0

100

220—589

300

500

700

900

1100

1300

1500

1700

1900

安息
波
斯

大月氏

烏孫

龜茲
龜茲

焉耆

高昌

西

疏勒

莎車

于闐 于闐

鄯善
鄯善

且末

敦煌

吐

闐 賓

陀摩

宿呵多

那竭

羅夷

女國

象雄

寶髻

跋那

毗荼

摩頭羅

僧伽施

舍衛城

蘭莫

天

拘睒彌

博羅掯城

巴連弗

瞻波

竺

多摩梨

朱 波

法顯西行路線

雲岡
石窟　北朝石窟

王城

獅子國

{法顯西行路線與北朝石窟分佈示意圖}

柔然

庫
莫
奚 龍城

高
句
麗

魏

平城
雲岡
石窟

為都

北燕

燕郡 遼西郡

泉
北涼
張掖
姑臧

後
涼

西

後

秦

中山郡
河間郡

南

渾
南涼
樂都
炳靈寺
石窟

苑川

須彌山
石窟

隴東郡

天龍山
石窟
太原郡

越郡

燕

濟南郡 廣固
泰山郡
魯郡 琅琊郡

東萊郡
長廣郡

天水郡
秦
麥積山
石窟

長安

上黨郡
魏郡
河東郡

河南郡
弘農郡
龍門石窟
潁川郡

彭城郡

沛郡

陳郡

漢中郡

南陽郡

淮南郡

廣陵郡

巴東郡

襄陽郡

建康

吳郡

吳興郡

蜀郡

南郡

江夏郡

新安郡

會稽郡

捷為郡

巴郡

天門郡

武陵郡

巴陵郡

長沙郡

豫章郡

鄱陽郡

臨海郡

東陽郡

永嘉郡

東晉

零陵郡

湘東郡

盧陵郡

臨川郡

建安郡

晉安郡

夷洲

建寧郡

始安郡

臨賀郡

桂陽郡

始興郡

南康郡

鬱林郡

蒼梧郡

南海郡

高涼郡

交趾郡

鬱康郡

朱崖洲

扶南

林
邑

{ 顧愷之《列女仁智圖》(局部) }

{ 莫高窟遠眺 }

{ 北魏壁畫《鹿王本生圖》(局部) }

繪於敦煌莫高窟 (千佛洞) 257 窟西壁中部,描繪了九色鹿救起的溺水人貪圖富貴,反而帶領國王去捕獵九色鹿,但國王被九色鹿的正氣所感動而下令禁止傷害九色鹿的故事。是北魏洞窟的代表作,也是敦煌莫高窟最優美的壁畫之一

書畫藝術、科學技術成就

東晉南朝時期有三大畫家：東晉的顧愷之、劉宋的陸探微、蕭梁的張僧繇。顧愷之善畫人物，注意點睛傳神，他的名作有《列女仁智圖》，經唐人臨摹，為傳世珍品。陸探微擅畫人物，造型有"秀骨清像"之評。張僧繇亦擅畫人物，尤善繪佛像，兼工畫龍，有畫龍點睛的故事流傳。

總體上，南朝畫家以木結構的寺院為創作中心，而北朝畫家以石窟佛寺為活動場所，因木質不如石質易於保存，故至今傳世的北朝繪畫遠遠多於南朝，集中在當時開鑿的石窟中，其中敦煌莫高窟最引人矚目。經歷代開鑿，莫高窟保存至今的壁畫約有 4.5 萬平方米，是世界現存最大的佛教藝術寶庫。

魏晉南北朝時期的書法家也很多，其中以東晉的王羲之與其子王獻之最著名。王羲之博採眾長，一變漢魏以來質樸的書風，行書天下一絕，其《蘭亭集序》被譽為"天下第一行書"，後人稱他為"書聖"；王獻之兼精諸體，尤工行、草和隸書，與父齊名，被稱為"小聖"。另外，王徽之、王珉、王珣等在當時也都有較大影響，使王氏家族的書法精髓得以傳續。

這一時期，科學技術成就同樣突出。是時的農具和耕作技術有大幅度改進。1974年，河南澠池漢魏鐵器窖出土了大量鐵農具和鑄製農具的鐵範，其中犁便有 3 種，即鐵口犁鏵（110 件）、鐵犁（48 件），雙柄犁（1件），此外還有翻土用的犁壁（99 件）。

這一時期的金屬礦開採技術並無明顯提高，大體上沿用了漢代的工藝，但在非金屬礦，尤其是三大燃料礦物，即煤炭、石油、天然氣的認識、開採和利用上卻獲得了長足的進步。此時煤炭開採量已經不小，而且用到了冶鐵業中；石油（當時叫"石脂水"）已被人們用作潤滑劑和燃料，分別用於生產和軍事；天然氣已被應用於日常生活和煮鹽手工業。

這一時期的製車技術有了進一步發展，不但民間用車已較普及，而且技術上也有了許多提高，並出現了不少新型和巨型的車輛。

這一時期的築路技術、軍事裝備生產技術也取得了一定進展。同時，造船技術和航運技術也都有了較大的發展。尤其是南方，不管內河航運還是海上航運，都已具備了相當的規模和技術水平。《三國志》卷四十七《孫權傳》載："（黃龍）二年春正月……遣將軍衛溫、諸葛直將甲士萬人浮海求夷洲及亶洲。"（據考：夷洲即今台灣，亶洲則是秦時方士徐福所至）隨着戰船的大型化，這一時期也產生和發展了戰船的大型戰具如源於桔槔的拍竿等。

在科學與學術方面，三國兩晉南北朝時期在數學、天文曆法、地學、化學、醫藥學、農學等諸多方面都取得了新的重要成果，在中國科技史上意義非凡，相比後代的"治世"亦毫不遜色。

BC 2100

BC 1900

BC 1700

BC 1500

BC 1300

BC 1100

BC 900

BC 700

BC 500

BC 300

BC 100

0

100

300

500

220—589

700

900

1100

1300

1500

1700

1900

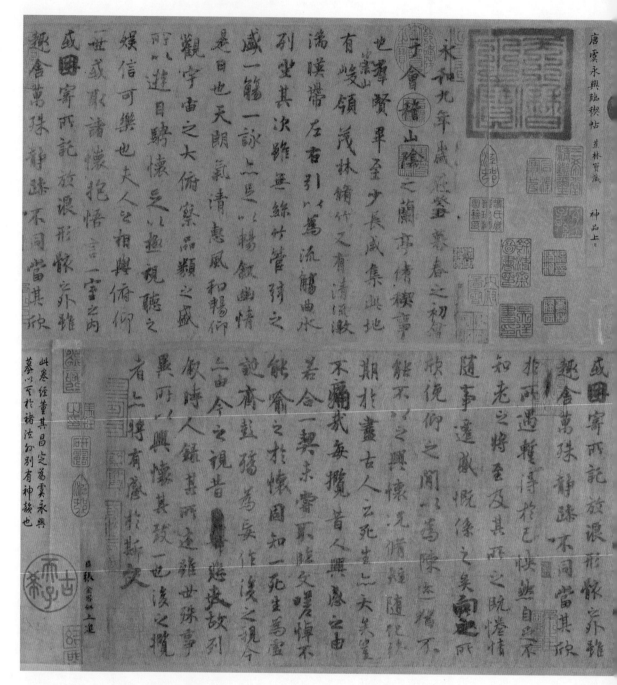

{ 王羲之行書《蘭亭集序》(唐馮承素摹本) }

據說，此帖真跡已被唐太宗隨葬於昭陵。此摹本是現存最接近於原帖的版本

{ 耙地圖 }

{ 諸葛亮發明的木牛流馬 }

{ 闢土鐵鏵 }

{ 鐵耙 }

BC 2100

BC 1900

BC 1700

BC 1500

BC 1300

BC 1100

BC 900

BC 700

BC 500

BC 300

BC 100

0

100

300

500

220—589

700

900

1100

1300

1500

1700

1900

鞍具

面簾

寄生

鴻頸

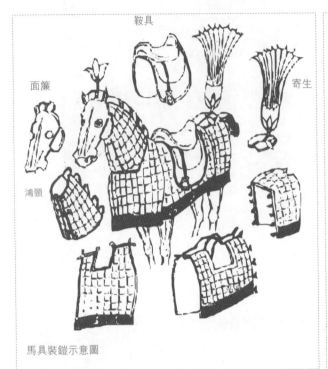

馬具裝鎧示意圖

大型水戰用具拍竿示意圖

T型拍竿結構示意圖

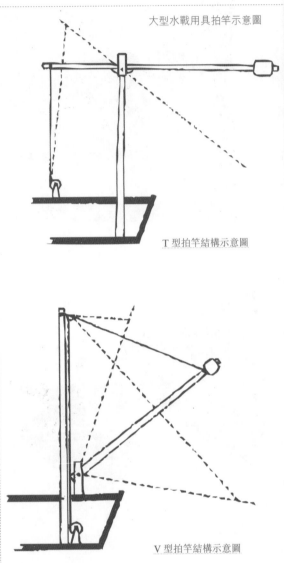

V型拍竿結構示意圖

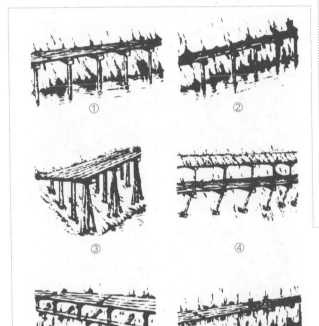

① ②

③ ④

⑤ ⑥

①② 臨水直柱式;
③ 斜坡柱式
④ 深崖斜柱式
⑤ 懸空柱式
⑥ 無柱式

秦嶺棧道復原圖

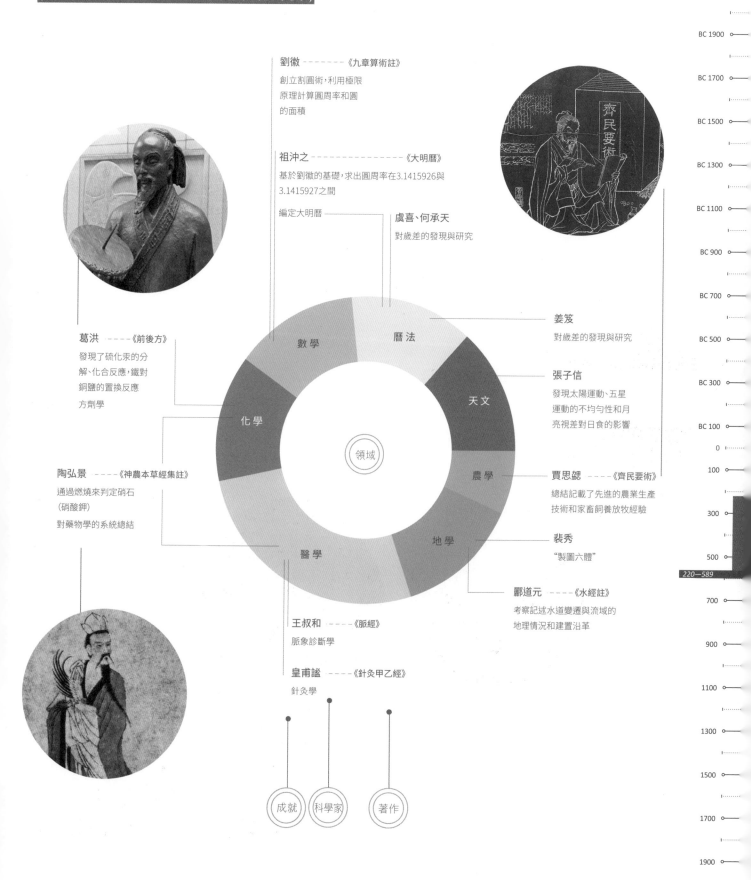

劉徽 ------- 《九章算術註》

創立割圓術，利用極限
原理計算圓周率和圓
的面積

祖沖之 --------------- 《大明曆》

基於劉徽的基礎，求出圓周率在3.1415926與
3.1415927之間

編定大明曆

虞喜、何承天

對歲差的發現與研究

葛洪 ---- 《前後方》

發現了硫化汞的分
解、化合反應，鐵對
銅鹽的置換反應
方劑學

姜笈

對歲差的發現與研究

張子信

發現太陽運動、五星
運動的不均勻性和月
亮視差對日食的影響

數學

曆法

天文

化學

農學

領域

賈思勰 ---- 《齊民要術》

總結記載了先進的農業生產
技術和家畜飼養放牧經驗

陶弘景 ---- 《神農本草經集註》

通過燃燒來判定硝石
（硝酸鉀）
對藥物學的系統總結

醫學

地學

裴秀

"製圖六體"

酈道元 ---- 《水經註》

考察記述水道變遷與流域的
地理情況和建置沿革

王叔和 ---- 《脈經》

脈象診斷學

皇甫謐 ---- 《針灸甲乙經》

針灸學

成就　科學家　著作

BC 2100
BC 1900
BC 1700
BC 1500
BC 1300
BC 1100
BC 900
BC 700
BC 500
BC 300
BC 100
0
100
300
500
220—589
700
900
1100
1300
1500
1700
1900

對外交流與聯繫

◎ 陸上絲綢之路的暢通　◎ 海上絲綢之路的擴展
◎ 與日本的交往

雖然長期處於分裂狀態下，但三國兩晉南北朝時期的中外交流卻比秦漢時期有了更大發展。這一時期，中國南北方各政權與中亞、西亞以及南亞等地都存在着不同程度的交流，在政治、經濟上往來密切，文化交流也日趨頻繁。其交流的路線主要有三條，即西北絲綢之路（綠洲絲綢之路、沙漠絲綢之路）、南方絲綢之路（永昌絲綢之路）和海上絲綢之路。

陸上絲綢之路的暢通

自張騫"鑿空西域"、開闢西北絲綢之路後，中國的絲織品通過這條商道源源不斷輸往中亞、西亞和歐洲。在三國兩晉南北朝時期，養蠶、繅絲和絲織技術通過絲綢之路傳入高昌、于闐等國（今新疆吐魯番盆地、塔里木盆地一帶），再繼續向西向南傳播，傳入波斯、印度和東羅馬帝國。

{ 高昌吉利銅錢 / 波斯銀幣 }
這兩款錢幣，在絲綢之路的商品貿易中廣為流通

{ "富且昌宜侯王天延命長" 織成履 }
這雙絲履是東晉織品，出土於新疆吐魯番阿斯塔納古墓群，絲路貿易之活躍可見一斑

這一時期，中國各王朝對絲綢之路上的商貿活動比較重視。曹魏時，從西域到中原的胡商很多，魏明帝為了保障兩地商貿活動的暢通，以倉慈為敦煌太守兼任西域都護。北魏時期，在洛陽特別規劃設置了廣大的商業區，以扶桑、金陵、崦嵫、燕然四館分別安置東、南、西、北四方外族外域來附人員或胡商販客等暫住人口。受北魏王朝對外懷柔政策的影響，"自蔥嶺以西，至於大秦，百國千城，莫不款附，商胡販客，日奔塞下，所謂盡天地之區已"（北魏楊衒之《洛陽伽藍記》）。他們"樂中國土風，因而宅者，不可勝數。是以附化之民，萬有餘家。門巷修整，閶闔填列，青槐蔭陌，綠柳垂庭，天下難得之貨，咸悉在焉。"到北齊、北周時，商貿活動仍十分繁榮，北齊鄴城、北周長安常住大批西域胡商。

{ 胡人頂杆雜技俑 }
出土於北魏舊都平城。雜技是從西域傳入中原的，這種頂杆雜技，北魏時被稱為"緣橦"

{ 彩繪陶騎駝俑 / 彩繪陶馴鷹人俑 }
這三件北魏到北齊時期的陶俑，均為典型的胡人形象

BC 2100

BC 1900

BC 1700

BC 1500

BC 1300

BC 1100

BC 900

BC 700

BC 500

BC 300

BC 100

0

100

300

500

220—589

700

900

1100

1300

1500

1700

1900

{《職貢圖》(局部)}

南朝梁蕭繹繪，原作已佚，宋人摹本是現存最早的職貢圖，原作朝貢人物不少
於 25 國，現僅存 12 國畫像。自右至左依次為滑國、波斯、百濟、龜茲、倭國、
狼牙修、鄧至、周古柯、呵跋檀、胡密丹、白題、末國的使者

　　在西北絲綢之路上，中原地區與大宛國一直保持着貿易往來。大宛國在今費爾干納盆地（費爾干納盆地主要在烏茲別克斯坦境內，塔吉克斯坦也佔有一部分）。據《晉書·大宛傳》記載，大宛國內有"大小七十餘城，土宜稻麥，有蒲陶酒，多善馬，馬汗血"。大宛國曾多次向中原王朝進貢"汗血馬"，西晉武帝太康年間，大宛王遣使節到達洛陽，饋贈汗血馬；前秦苻堅建元年間，大宛國王又遣使長安，饋贈汗血寶馬。北朝多稱大宛國為破落那國，不同政權亦多次遣使遠赴大宛，賜尊號，通有無。中原王朝對汗血寶馬的渴望，使得大宛國成為三國兩晉南北朝時期絲綢之路上的重要目的地。

　　南方絲綢之路又稱永昌絲綢之路，由蜀地入滇後通達緬甸、泰國，往西到達印度及中東。據《三國志》記載："大秦道既從海北陸通，又循海而南，與交趾七郡外夷比，又有水道通益州、永昌，故永昌出異物"。永昌（今雲南保山）是滇地與緬甸接壤的郡縣，是南方絲綢之路上的重要節點與中轉站，三國兩晉南北朝時期，來自緬甸、印度甚至大秦（古羅馬）的異域商品沿南方絲綢之路經永昌進入中國。

海上絲綢之路的擴展

　　三國兩晉南北朝時期，江南經濟得到深度開發，各政權實行積極發展海外關係的政策，因而海上絲綢之路得以迅速發展。南海、東海絲綢之路皆有不同程度的擴展，貿易往來比較頻繁。

　　自東吳始，南方各政權就通過派遣使者出訪海外國家，組織大規模的官方貿易，招攬外國商人，維護海上絲綢之路的暢通等方式，積極擴展與海外諸國的溝通與聯繫，而船舶體積的增大、航海技術的提高進一步促進了海上貿易的繁榮。

{ 波斯武士鬥野豬圖銀盤 }

魏晉時期，正是波斯薩珊王朝時期，這件出土於中國的銀盤就是薩珊王朝的製品

{ 崑崙奴陶俑 }

魏晉時期，海上絲路除了商品交易外，也販運奴隸。其中以馬來人居多，被稱為崑崙奴

{ 網紋玻璃杯 }

這件北魏貴族使用的酒器，有明顯的拜占庭風格

{ 鎏金銀瓶 }

瓶壁裝飾的羅馬人物圖像，講述的是希臘神話裏愛神得到金蘋果的故事

BC 2100

BC 1900

BC 1700

BC 1500

BC 1300

BC 1100

BC 900

BC 700

BC 500

BC 300

BC 100

0

100

300

500

220—589

700

900

1100

1300

1500

1700

1900

同時，在航海技術發展、貿易範圍擴展的推動下，南海絲綢之路還進一步延伸，由印度半島東南部向西，跨越阿拉伯海，抵達波斯灣。海上絲綢之路的主要口岸是番禺（今廣州），自番禺出發可遠達天竺（今印度）、獅子國（今斯里蘭卡）、波斯（今伊朗）等國，這些國家的海船也經常成批前來，與中國互通有無。當時中國自西亞、南亞和南洋輸入的商品主要有象牙、犀牛角、玳瑁、珠璣、琉璃等，而輸出的商品以綾、絹、錦等絲織品和絲為主，貿易上始終保持出超地位。

與日本的交往

三國兩晉南北朝時期，中國與日本往來十分頻繁，即使戰亂亦未曾中斷。《三國志‧魏書‧東夷傳》載："景初二年（238年）六月，倭女王遣大夫難升米等詣郡，求詣天子朝獻，太守劉夏遣吏將送詣京都。"《晉書‧武帝本紀》載："泰始二年（266年）十一月己卯，倭人來獻方物。"《隋書‧東夷傳》載："自魏至於齊、梁，代與中國相通。"

秦漢以來，中國同日本、朝鮮半島國家的經濟、文化交流大多經由長山列島、遼東半島到達朝鮮半島和日本。東晉南朝時，高句麗與日本的倭國處於敵對狀態，導致傳統的東海絲路受阻。建康成為當時中國南部的政治經濟中心後，導致東方航線南移。南朝時，東方航線的大致航路為：由建康出發，順江而下出長江口，沿岸北航，至山東半島的成山角附近，其後可繼續沿岸行至朝鮮半島北部，或東進橫渡黃海，抵達朝鮮半島東南部，沿岸南下渡朝鮮海峽，抵達日本。這條新航線的開闢，大大縮短了中日間的航程。

至3世紀後半期，為避戰亂，許多中國人開始向日本列島遷徙，這些中國移民中有不少能工巧匠，中國先進的生產技術和傳統文化隨之傳入日本。日本對中國的傳統思想、科學技術、文化藝術展開了全方位的學習。

{ 三國兩晉南北朝時期與周邊的聯繫 }

 舉措

 舉例

 成效

派遣使者出訪海外國家

孫權派以朱應、康泰為首的外交使團出訪東南亞各國，歷時十餘年，"其所經及傳聞則有百數十國"

對南海各國政治、經濟，特別是貿易及物產情況有所了解，據《三國志》卷八，自朱應、康泰出使後，"扶南、林邑、堂明諸王，各遣使奉貢"

組織大規模的官方貿易

孫權遣周賀、裴潛"復遠遣船，越渡大海，多持貨物"；孫權派謝宏出使高句麗，"賜衣物珍寶"

高句麗王"奉表稱臣，貢貂皮千枚，鶡雞皮十具"；擴大了東吳的貿易往來與影響力，開闢了一條海上交通線

維護海上絲綢之路的暢通

南朝初期，林邑國在海中劫掠商使，阻礙中外海上交往。元嘉二十三年（446年），宋文帝發兵攻討林邑，宋軍大勝，史稱"象浦之捷，威震冥海"

南海諸國紛至沓來，拓展了中國與南海諸國的政治、經貿往來，增強了中國在南海的號召力與影響力

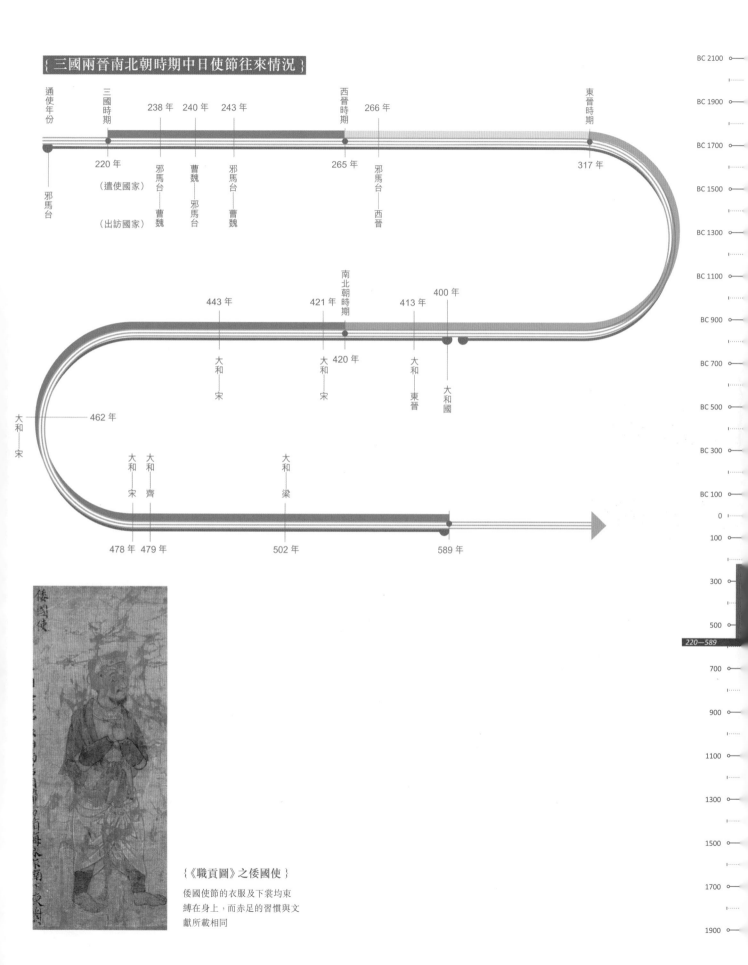

{三國兩晉南北朝時期中日使節往來情況}

通使年份

三國時期

238 年　240 年　243 年

西晉時期　266 年

東晉時期

BC 2100
BC 1900
BC 1700
BC 1500
BC 1300
BC 1100
BC 900
BC 700
BC 500
BC 300
BC 100
0
100

220 年
（遣使國家）

（出訪國家）

邪馬台

邪馬台｜曹魏

曹魏｜邪馬台

邪馬台｜曹魏

265 年

邪馬台｜西晉

317 年

443 年

421 年

南北朝時期

413 年　400 年

大和｜宋

大和｜宋

420 年

大和｜東晉

大和｜國

462 年

大和｜宋

大和｜宋

大和｜齊

大和｜梁

478 年　479 年　　502 年　　　589 年

300
500

220—589

700
900
1100
1300
1500
1700
1900

{《職貢圖》之倭國使}

倭國使節的衣服及下裳均束
縛在身上，而赤足的習慣與文
獻所載相同

安息波斯

大月氏

破洛那

高車

罽賓

女國

象雄

寶髻

吐

天

竺

朱波

獅子國

王城

疏勒

龜茲

高昌

敦煌

莎車

于闐

甘木

鄯善

那竭

呵多

陀歷

羅夷

跋那

毗茶

摩頭羅

僧伽施

舍衛城

蘭奕

拘睒彌

博羅捺城

巴連弗

瞻波

多摩梨

—— 中外交通線

{ 南北朝時期中外交通示意圖 }

柔然

庫莫奚

高句麗

◎平壤

百濟

熊津

任那

倭

張掖郡

武威郡

魏

代郡

燕郡

中山郡

河間郡

趙郡

太原郡

濟南郡

東萊郡

渾

金城郡

隴西郡

上黨郡

魏郡

東郡

長廣郡

天水郡

長安

河東郡

琅琊郡

弘農郡

◎洛陽

彭城郡

漢中郡

陳郡

南陽郡

淮南郡

廣陵郡

襄陽郡

巴東郡

南郡

江夏郡

新安郡

建康

吳郡

吳興郡

蜀郡

天門郡

巴陵郡

鄱陽郡

會稽郡

臨海郡

犍為郡

巴郡

武陵郡

長沙郡

豫章郡

東陽郡

齊

盧陵郡

臨川郡

建安郡

永嘉郡

湘東郡

南康郡

晉安郡

建寧郡

零陵郡

桂陽郡

始興郡

夷洲

始安郡

鬱林郡

臨賀郡

蒼梧郡

南海郡

高涼郡

交趾郡

齊康郡

朱崖洲

扶南

林邑

丹丹

婆利

【參考文獻】

【1】《宋書》，（梁）沈約撰，中華書局，1974 年。

【2】《南齊書》，（梁）蕭子顯撰，中華書局，1972 年。

【3】《魏書》，（北齊）魏收撰，中華書局，1974 年。

【4】《晉書》，（唐）房玄齡等撰，中華書局，1974 年。

【5】《魏晉南北朝史論叢》，唐長孺著，三聯書店，1955 年。

【6】《魏晉南北朝史論叢續編》，唐長孺著，三聯書店，1959 年。

【7】《府兵制度考釋》，谷霽光著，上海人民出版社，1978 年。

【8】《中國歷史地圖集》（第二冊、第三冊、第四冊），譚其驤主編，中國地圖出版社，1982 年。

【9】《魏晉南北朝史論拾遺》，唐長孺著，中華書局，1983 年。

【10】《兩晉南北朝史》，呂思勉著，上海古籍出版社，1983 年。

【11】《魏晉南北朝史綱》，韓國磐著，人民出版社，1983 年。

【12】《中國歷史圖說》（六），蘇振申主編，李榮村編撰，世新出版社，1984 年。

【13】《魏晉南北朝史札記》，周一良著，中華書局，1985 年。

【14】《東晉門閥政治》，田餘慶著，北京大學出版社，1989 年。

【15】《六朝史》，張承宗、田澤濱等主編，江蘇古籍出版社，1991 年。

【16】《魏晉南北朝隋唐史三論》，唐長孺著，武漢大學出版社，1993 年。

【17】《三國史》，馬植傑著，人民出版社，1994 年。

【18】《中國魏晉南北朝軍事史》，張文強著，人民出版社，1994 年。

【19】《中國通史》（第 7、8 冊——三國兩晉南北朝時期），白壽彝總主編，何茲全主編，上海人民出版社，1995 年。

【20】《兩漢魏晉南北朝與西域關係史研究》，余太山著，中國社會科學出版社，1995 年。

【21】《魏晉南北朝經濟史》，高敏主編，上海人民出版社，1996 年。

【22】《魏晉南北朝史論集》，周一良著，北京大學出版社，1997 年。

【23】《魏晉南北朝史論》，黎虎著，學苑出版社，1999 年。

【24】《北魏平城時代》，李憑著，社會科學文獻出版社，2000 年。

【25】《六朝史考實》，熊德基著，中華書局，2000 年。

【26】《魏晉南北朝考古》，羅宗真著，文物出版社，2001 年。

【27】《六朝文化》，許輝、邱敏、胡阿祥主編，江蘇古籍出版社，2001 年。

【28】《古代中國高句麗歷史叢論》，馬大正、楊保隆等著，黑龍江教育出版社，2001 年。

【29】《品位與職位——秦漢魏晉南北朝官階制度研究》，閻步克著，中華書局，2002 年。

【30】《地域集團與南朝政治》，章義和著，華東師範大學出版社，2002 年。

【31】《魏晉南北朝史》，王仲犖著，上海人民出版社，2003 年。

【32】《北魏政治與制度論稿》，張金龍著，甘肅教育出版社，2003 年。

【33】《魏晉南北朝經濟史探》，蔣福亞著，甘肅人民出版社，2003 年。

【34】《魏晉南北朝城市管理研究》，任重、陳儀著，中國社會科學出版社，2003 年。

【35】《漢魏文學與政治》，孫明君著，商務印書館，2003 年。

【36】《魏晉南朝中央對地方軍政官的管理制度研究》，陶新華著，巴蜀書社，2003 年。

【37】《屈服史及其他：六朝隋唐道教的思想史研究》，葛兆光著，三聯書店，2003 年。

【38】《古代中國高句麗歷史續論》，馬大正、李大龍等著，中國社會科學出版社，2003 年。

【39】《秦漢魏晉史探微》（重訂本），田餘慶著，中華書局，2004 年。

【40】《中古士人遷移與文化交流》，王永平著，社會科學文獻出版社，2005 年。

【41】《六朝疆域與政區研究》，胡阿祥著，學苑出版社，2005 年。

【42】《波峰與波谷 —— 秦漢魏晉南北朝的政治文明》，閻步克編著，中華書局，2009 年。

【43】《中國古代史》，趙毅、趙軼峰主編，高等教育出版社，2010 年。

【44】《中國的歷史 —— 中華的崩潰與擴大：魏晉南北朝》，[日]川本芳昭著，余曉潮譯，廣西師範大學出版社，2014 年。

BC 2100

BC 1900

BC 1700

BC 1500

BC 1300

BC 1100

BC 900

BC 700

BC 500

BC 300

BC 100

0

100

300

500

220—589

700

900

1100

1300

1500

1700

1900